KB192582

논·술·세·계·대·표·문·학

6

홍당무

쥘 르나르 | 이경애 엮음

H 훈민출판사

파리의 앵발리드 – 옛날에 쓰던 대포가 전시되어 있다.

The Best World Literature

남프랑스의 론 강을 관통하는 유람선

목초지가 넓게 펼쳐져 있는 남프랑스의 농촌 – 〈홍당무〉의 배경이 되는 곳이다.

프랑스 남부 프로방스 지방의 농촌 풍경

파리 교외의 가을 풍경

동물을 사랑하는 프랑스 사람들

프랑스의 샤모니 – 설경이 아름답기로 유명하다.

〈홍당무〉의 작가 르나르의 모습

파리의 베르사유 광장

The Best World Literature

프랑스 베르사유 궁전의 정원

프랑스의 성심 성당

구인환(丘仁煥)

서울대학교 사범대학 졸업. 동 대학원 졸업(문학박사)
서울대학교 명예교수, 소설가(현). 서울대학교 사범대학 국어교육연구소 소장(현)
문학과문학교육연구소 소장(현). 국제펜 한국본부 부회장(현)
한국소설문학상(1987). 예술문화대상(1994). 한국문학상(2000)
작품 〈숨쉬는 영정〉, 〈살아 있는 날들〉, 〈일어서는 산〉 외 다수

• **저서** 《한국단편소설의 이해》, 《한국현대소설의 비평적 성찰》,
　　　《고교생이 알아야 할 소설》, 《고교생이 알아야 할 세계단편소설》 외 다수

윤병로(尹柄魯)

성균관대학교 국어국문학과 졸업. 동 대학원 졸업(문학박사)
성균관대학교 교수, 문학평론가(현). 한국현대소설학회장(현)
한국문예학술저작권협회 이사(현). 한국간행물윤리위원회 위원(현)
한국펜 문학상(1987). 한국문학상(1988). 대한민국문학상(1989)
수필집 《나의 작은 애인들》 외 다수

• **저서** 《현대 작가론》, 《한국 현대 소설의 탐구》,
　　　《한국 근대 작가 작품 연구》, 《한국 현대 작가의 문제작 평설》 외 다수

홍성암(洪性岩)

고려대학교 국어국문학과 졸업. 한양대학교 대학원 국어국문학과 졸업(문학박사)
동덕여자대학교 교수, 소설가(현). 한국문인협회 회원(현)
한국소설가협회 이사(현). 국제펜 한국본부 소설분과 이사(현). 한민족 문화학회 회장(현)
창작집 《큰 물로 가는 큰 고기》, 《어떤 귀향》 외
대하역사소설 《남한산성》 (전9권) 외 다수

• **저서** 《문학의 이해》, 《현대 작가론》, 《한국 근대 역사소설 연구》 외 다수

기
획
·
감
수

비둘기에게 모이를 주는 프랑스 어린이들

논술 *세계대표문학*을 펴내며

　21세기의 사회는 '**전자 문명 시대**'라 일컬어질 만큼 오늘날 전자 산업은 우리 생활의 거의 모든 분야에 다양하게 응용되고 있습니다. 출판 분야 또한 예외는 아니어서, 종래의 서책(Book) 대신에 이른바 '전자책(CD-ROM)'의 출간이 최근 들어 날로 증가하고 있습니다.

　그러나 이러한 전자책은 영상 또는 모니터상으로 흥미 위주나 백과사전식 지식을 습득하는 데는 효과적일지 모르지만, 문학 공부를 위해서는 별로 도움이 되지 않습니다. 바꾸어 말하면, 문학 공부는 각 지면마다 살아 숨쉬는 표현 하나하나를 독자 자신의 머리로 음미하면서 작품을 읽어 나가는 가운데, 풍부한 상상력의 배양과 함께 작가의 의도와 그 작품의 내면을 깊이 있게 이해함으로써 이루어지는 것입니다.

　이에 훈민출판사에서는, 자라나는 학생들이 범람하는 영상 매체에 길들여지기 전에, 어려서부터 유명한 세계문학 작품들을 책자를 통하여 감명 깊게 읽고 감상함으로써, 올바른 문학 공부의 기틀을 다지고, 아울러 전인 교육도 할 수 있도록 《논술 세계대표문학(전60권)》을 펴내게 되었습니다.

　작품 선정은, 초·중·고등학교 국어 교과서와 역사 교과서에 실리거나 소개된 문학 작품을 중심으로 하되, 그리스 신화와 성경 이야기 등의 고전에서부터 중세·근대·현대에 이르기까지 세르반테스·셰익스피어·톨스토이 등 세계 유명 작가들의 장·단편 소설들을 엄선·수록하였습니다. 또 세계의 명시도 별권으로 엮었으며, 특히 각 단락마다 '**논술 문제**'를 제시하여, 장차 대학입시를 비롯한 각종 '논술 고사'에 예비 지식을 쌓을 수 있도록 배려하였습니다. 아무쪼록, 이 《논술 세계대표문학(전60권)》이 자라나는 학생들에게 문학 공부의 주춧돌이 되고, 나아가 미래를 살아가는 데 **정신적 자양분**이 되기를 진심으로 바라 마지않습니다.

훈민출판사

차례

홍당무/ 12
작품 알아보기/ 197
논술 길잡이/ 198

홍 당 무

르 나 르

지은이

1864~1910년. 프랑스의 샬롱에서 출생. 소년 시절 어머니의 사랑을 받지 못해
어두운 나날을 보냈다. 파리에서 고등학교를 졸업하고 창고 회사에 근무하면서 문학
공부를 계속한 결과 1892년에 발표한 첫 작품 〈부평초〉로 인정을 받았다.
1884년에 〈홍당무〉를 발표하고, 뒤이어 〈박물지〉, 〈포도밭의 포도 재배자〉 등을 잇
따라 발표하였다. 이후에 희곡을 집필하기도 했는데 1900년 자신의 소설 작품 〈홍
당무〉를 희곡화하여 대성공을 거두었다.

홍당무

닭 장

"글쎄, 그렇다니까. 오노린이 또 닭장 문 닫는 걸 잊었구나!"

르픽 부인이 소리쳤다.

창 너머로 넓은 뜰 저편 구석에 조그마한 닭장 지붕이 보이는데, 정말 활짝 열린 문이 어둠 속에서 시커멓게 윤곽을 드러내고 있었다.

"펠릭스, 네가 가서 좀 닫고 오너라."

르픽 부인은 삼 남매 중 맏이인 펠릭스에게 말했다.

"엄마, 난 닭의 시중이나 들려고 여기 있는 게 아니에요."

펠릭스가 투덜거렸다. 핼쑥한 얼굴의 겁 많고 게으른 소년이다.

"그럼 네가 좀 갔다오너라, 에르네스틴."

"아이, 엄마는. 무서워서 죽겠는데!"

에르네스틴 누나는 얼굴도 제대로 들지 않고 대답했다. 그리고 팔꿈치를 테이블 위에 괴고는, 펠릭스와 이마를 맞대듯이 하고 다시 책을 읽기 시작했다.

"아참, 내 정신 좀 봐! 홍당무야, 네가 가서 닫아라!"

홍당무는 부인이 막내아들에게 붙여 준 별명이다. 빨간 머리카락에 얼굴은 온통 주근깨투성이였기 때문이다.

테이블 밑에서 혼자 놀고 있던 홍당무는 일어서서 겁에 질린 목소리로 대답했다.

"하지만 엄마, 나도 무서운데……."

"뭐야? 다 큰 녀석이 뭐가 무섭다고 그러니? 자, 어서 갔다와!"

"다 아는 일이잖아. 얘는 숫염소만큼이나 대담하지."

에르네스틴 누나가 웃으며 말했다.

"아마 세상에 무서운 게 없을걸."

형 펠릭스도 맞장구를 쳤다.

형제들의 이런 부추김에 홍당무는 우쭐해졌다. 칭찬을 듣고도 하지 않는다면 수치스러운 일이 될 것 같아 약한 마음과 싸우고 있었다. 용기를 북돋우기 위해, 가지 않으면 그 보답으로 따끔한 맛을 보여 주겠다고 어머니가 말했다.

"그럼 누가 촛불을 비춰 줘야해……."

홍당무가 마지못해 대답했다.

르픽 부인은 내 알 바 아니라는 듯이 어깨를 움츠렸고, 펠릭스는 깔보는 듯이 픽 웃었다. 인정이 있는 것은 그래도 에르네스틴뿐으로, 촛불을 들고 복도 끝까지 동생을 데려다 주었다.

"여기서 기다리고 있을게."

에르네스틴 누나가 겁먹은 목소리로 말했다.

그러나 에르네스틴 누나는 갑자기 불어온 바람에 촛불이 껌벅껌벅 흔들리다 꺼지자 그대로 집 안으로 달아나고 말았다.

홍당무도 그냥 달아나고 싶었지만, 발이 떨어지지 않아서 꼼짝도 못하고 어둠 속에서 와들와들 떨기 시작했다. 게다가 바로 앞도 보이지 않으니 갑자기 장님이 된 것 같았다. 때때로 바람이 느닷없이 불어와 싸늘하게 식은 담요처럼 그를 감싸서 낚아채 갔다. 여우나 늑대가 나타나서 손가락과 뺨에 입김을 불어 대는 게 아닐까? 하는 생각이 들었다.

이제 어둠 속에 구멍이라도 뚫을 것 같은 결심으로, 머리를 앞으로 내밀고 짐작만으로 닭장 쪽을 향해 내닫는 수밖에 없었다. 손으로 더듬어서 닭장 문의 빗장을 잡았다. 발소리에 놀란 암탉들이 횃대에서 뛰어내리며 소란을 피웠다. 홍당무는 소리를 질렀다.

"쉿, 조용히 해. 나야!"

홍당무는 닭장 문을 닫자마자 단숨에 집으로 내달렸다. 팔다리에 날개라도 달린 듯싶었다.

잠시 후, 따뜻하고 환한 집 안에 들어서자 홍당무는 저절로 한숨이 나왔다. 진흙과 비를 맞아 더러워진 옷을 벗고 새 옷으로 갈아입은 기분이었다. 홍당무는 빙긋 웃으며 의기양양한 얼굴로 우뚝 선 채 칭찬해 주기를 기다렸다. 닭장에 다녀오는 동안 얼마나 걱정을 했을까.

그런데 펠릭스 형도 에르네스틴 누나도 조용히 책만 읽고 있었다. 르픽 부인만이 무심하게 한 마디 했을 뿐이었다.

"이젠 밤마다 네가 닭장 문을 닫으러 가거라."

자 고 새

르픽 씨는 여느 때처럼 테이블 위에 사냥 보따리를 쏟아 놓았다. 사냥감은 자고새 두 마리였다.

펠릭스 형이 벽에 걸린 석판에 그것을 기록하고 있다. 르픽 씨가 사냥을 해 오면 펠릭스 형은 기록하는 일을 맡아 했다. 삼 남매에게는 저마다 맡은 일이 있다. 에르네스틴 누나는 사냥감의 껍질을 벗기거나 털을 뽑았고, 홍당무는 상처난 사냥감의 마지막 숨을 끊는 일을 맡았다.

세 가지 가운데 숨을 끊는 일은 모두 꺼렸다. 그런데 그것을 홍당무가 도맡아 하게 된 데는 이유가 있었다. 르픽 부인의 말에 의하면, 홍당무가 피도 눈물도 없이 냉정하기 때문에 그 일에 제격이라는 것이었다.

자고새는 퍼덕거리며 목을 움직였다.

르픽 부인 : 얼른 죽이지 않고 뭘 하고 있니?

홍당무 : 엄마, 이번에는 제가 석판에 적는 일을 하면 안 돼요?

르픽 부인 : 넌 키가 작아서 석판에 글씨를 쓸 수 없어.

홍당무 : 그러면 털 뽑는 걸 할래요.

르픽 부인 : 그건 남자가 할 일이 아니야.

홍당무는 할 수 없이 자고새를 손에 들었다. 옆에서 르픽 부인이 자상하게 죽이는 방법을 가르쳐 주었다.

홍당무는 르픽 부인이 가르쳐 준 대로 자고새를 한 손에 한 마리씩 들었다. 그리고는 팔을 뒤로 돌린 채 목을 조르기 시작했다.

르픽 씨 : 두 마리를 한꺼번에 처리하니? 대단하다, 대단해!

홍당무 : 빨리 끝내려면 이럴 수밖에 없어요.

르픽 부인 : 하기 싫어하는 척하지 마. 속으론 좋으면서, 뭘.

자고새들은 몸을 비틀면서 버티었다. 날갯죽지를 푸드덕거려서 깃털이 사방에 날렸다. 쉽사리 죽을 것 같지 않았다. 한 마리뿐이라면 간단하게 해치울 수 있을 테지만, 한꺼번에 두 마리를 처리하자니 힘들었다. 이번에는 무릎 사이에 자고새를 꼭 끼워 누르고는 얼굴이 벌개지고 땀에 흠뻑 젖을 때까지 힘을 주었다. 홍당무는 눈을 질끈 감고 힘껏 자고새의 목을 졸랐다.

자고새도 질세라 끈질기게 버티었다.

홍당무는 얼른 일을 끝내고 싶었다. 그래서 이번에는 자고새들의 두 발을 붙잡고 그 머리를 구두 콧등으로 냅다 후려쳤다.

"어쩌면 저럴 수가!"

"저런 냉혈 동물 같으니라고!"

형 펠릭스와 누나 에르네스틴이 동시에 소리를 질렀다.

"아주 대단한 솜씨라니까. 가엾은 새들! 저애의 손에 걸려 저렇게 죽는 건 생각만 해도 끔찍할 거야."

르픽 부인이 말했다.

노련한 사냥꾼인 르픽 씨도 상을 찡그리며 밖으로 나갔다.

"드디어 죽었다!"

홍당무는 죽은 자고새를 테이블 위에 던졌다.

르픽 부인은 그것을 이리저리 들추어 보았다.

부서진 자고새의 머리에서는 피가 흐르고 있었다.

"진작 그만두게 할걸. 너무 지저분하게 죽였어."

르픽 부인이 말했다.

"잔인한 놈!"

형 펠릭스도 진저리를 치며 말했다.

"다른 때보다 잘 안 됐어."

홍당무는 죄라도 지은 듯 시무룩한 표정으로 말했다.

피 람

등불 밑 테이블에 팔을 괸 채 르픽 씨는 신문을, 에르네스틴 누나는 상품으로 탄 책을 열심히 읽고 있었다. 그 옆에서 르픽 부인은 뜨개질을 하고, 펠릭스 형은 무릎을 세우고 앉아서 난로를 쬐고 있었다. 홍당무는 바닥에 털썩 주저앉아 무엇인가 골똘히 생각하고 있었다.

갑자기 발닦개를 덮어쓴 채 자고 있던 개 피람이 으르렁댔다.

"쉿, 조용히 해!"

르픽 씨가 손가락을 입술에 대며 말했다.

피람은 더한층 으르렁댔다.

"조용히 못하겠니?"

르픽 부인이 말했다.

그런데도 피람은 요란스럽게 짖어 댔다. 모두 놀라서 주위를 살펴보았다. 르픽 부인은 가슴에 손을 얹었다. 르픽 씨는 이를 악물고 옆눈으로 개를 노려보았다.

"조용히 못해? 닥쳐, 이놈아!"

펠릭스는 고래고래 소리를 질러 댔다. 그 소리가 피람의 소리와 뒤섞여 별안간 집 안이 어수선해졌다.

피람은 더욱 심하게 짖어 댔다. 르픽 부인은 마구 매질을 했다. 르픽 씨는 신문으로 때리다 못해 발로 찼다. 피람은 매가 무서워서 엉금엉금 기면서도 코를 바닥에 대고 짖었다.

르픽 씨네 식구들은 화가 나서 숨이 막힐 것만 같았다. 모두들 한 번씩 일어나서 개를 차고 때렸지만, 개는 엉금엉금 기면서도 막무가내로 짖어 댔다. 유리창이 울리고 난로의 굴뚝이 흔들리는 듯한 소리를 내자, 그 때까지 참고 있던 에르네스틴마저 악을 썼다.

"저 망나니 개 좀 어떻게 해!"

홍당무는 슬그머니 나와서 집 주위를 둘러보았다. 아마도 늦게 집으로 돌아가는 뜨내기 품팔이꾼이 큰길을 천천히 걸어가고 있거나, 어쩌면 도둑질을 하려고 담을 넘어 안마당으로 들어왔는지도 모른다.

홍당무는 어둡고 긴 복도를 걸어 현관 쪽으로 갔다. 두 팔을 문 쪽으로 뻗어서 빗장을 더듬어 찾은 다음, 와지끈 소리를 내며 잡아당겼다. 그러나 문을 열지는 않았다.

얼마 전까지만 해도 홍당무는 위험을 무릅쓰고 밖으로 뛰어나가곤 했다. 그 때의 홍당무라면 휘파람을 불고 노래를 부르며 발까지 쾅쾅 굴러 상대방의 간담을 서늘하게 해 주었을 것이다.

그러나 요즘에는 그렇게 하지 않았다. 대신 꾀를 부렸다.

르픽 씨나 르픽 부인은 홍당무가 용감하게 바깥을 구석구석 살피면서 충실한 경비원처럼 집 주위를 돌아보고 있을 것이라고 생각하고 있다. 그러나 사실 홍당무는 약아빠져서 문 뒤에 찰싹 달라붙어 있는 것이다.

언젠가는 꼬리를 잡히게 될 것이다. 그렇지만 벌써 꽤 오래 전부터 이 꾀는 잘 먹혀들고 있었다.

갑자기 딸꾹질을 하거나 기침이 나오지 않는 한 쉽게 들통나지는 않을 것이다. 숨을 죽이고 눈을 들어 보니, 문 위의 작은 창 너머로 별이 서너 개 보였다. 그 맑게 반짝이는 별빛 속에서 몸이 오싹해지는 것을 느꼈다.

이제는 슬슬 들어가야 할 시간이다. 연극이 너무 길어지면 안 된다. 왜냐하면 의심을 사게 되니까.

홍당무는 다시 한 번 무거운 빗장을 흔들어 댔다. 빗장은 녹슨 꺾쇠 속에서 삐그덕거렸다. 홍당무는 빗장을 홈 깊숙이 밀어넣었다. 이 요란한 소리를 듣고, 모두들 그가 멀리까지 돌아보고 왔으며 자신의 의무를 다한 것으로 생각하리라!

홍당무는 누가 등을 시원하게 긁어 주기라도 한 것 같은 홀가분한 마음으로, 식구들을 안심시키려고 단숨에 달려갔다.

그러나 이미 그 사이에 피람이 짖기를 그쳤으므로, 르픽 씨네 가족들은 각자 태평스럽게 제자리로 돌아가 있었다. 누가 묻지도 않았는데, 홍당무는 언제나처럼 천연덕스럽게 말했다.

"피람이 잠꼬대를 한 거야!"

무서운 꿈

홍당무는 손님이 오는 것이 싫었다. 특히 집에서 묵고 가는 손님을 싫어했다. 여러 가지로 불편하고 방까지 **빼앗겨야** 했기 때문이다.

손님에게 방을 **빼앗기고** 나면 홍당무는 싫어도 엄마와 자야 했다. 그런데 곤란한 것은 홍당무가 심하게 코를 곤다는 것이었다.

그러면 르픽 부인은 낮에도 눈에 거슬리는 것투성이인데, 밤엔 밤대로 심하게 코를 고는 홍당무에게 화가 치밀어오르곤 했다. 심술을 부리느라고 일부러 코를 고는 것인지도 모른다고 생각했다.

8월인데도 썰렁한 큰방에는 침대가 두 개 놓여 있었다. 하나는 르픽 씨의 침대이고, 다른 하나에는 홍당무가 르픽 부인과 나란히 벽 쪽에 누워 자게 된 침대이다.

잠들기 전, 홍당무는 홑이불을 뒤집어쓰고 몇 번이나 가볍게 기침을 했다. 목구멍의 이물질을 떼어 내기 위해서이다. 하지만 코를 고는 것은 코에 문제가 있는 것인지도 모른다. 그래서 혹 코가 막혔는지 확인하기 위해 조용히 콧구멍으로 숨을 내보내 보았다.

그렇게 몇 번 되풀이하다 보니 어느 새 잠이 들었다. 그러나 이런 사전 준비에도 불구하고, 홍당무는 잠이 들자마자 또 신나게 드르렁드르렁 코를 골았다.

르픽 부인은 당장 홍당무의 가장 살이 많은 엉덩이 부분을 피가 맺힐 만큼 손톱을 세워 꼬집었다. 홍당무가 코를 골 때마다 쓰는 수단이었다.

"악!"

홍당무는 비명을 지르며 허리를 번쩍 들었다.

그 소리에 르픽 씨가 깜짝 놀라 눈을 뜨고 물었다.

"왜 그러니?"

"무서운 꿈을 꾸었나 봐요!"

르픽 부인이 얼른 홍당무를 얼싸안고 대답했다.

그리고 그녀는 유모들이 하는 것처럼 아주 낮은 목소리로 자장가를 흥얼거렸다. 인도의 자장가인 것 같았다.

홍당무는 이마와 무릎을 벽 뚫기 시합이라도 하듯 벽에다 꼭 붙였다. 그리고 다시 코 고는 소리가 나기만 하면 반드시 덮쳐 올 르픽 부인의 손톱을 피하려고, 두 손으로 엉덩이를 가리고 다시 큰 침대 속에서 잠이 들었다.

지저분한 이야기

이런 이야기를 해도 괜찮을지 모르겠다.

다른 아이들 같으면 깨끗한 몸과 마음으로 벌써 영세를 받을 나이인데도, 홍당무는 아직 대소변을 가리지 못했다.

어느 날 밤에는 도저히 말할 상황이 아니어서 그대로 참았다.

홍당무는 몸을 비비 꼬며 참으려고 이를 악물었다. 그러나 그것은 참으로 어처구니없는 짓이었다.

또 밭의 경계선을 나타내는 돌 옆에 기분 좋게 웅크리고 앉는 꿈을 꾸는 날은 으레 축축하고 불쾌한 느낌에 눈을 뜨게 된다. 그러면 영락없이 이불은 흠뻑 젖어 있고 옆에 있던 돌은 어느새 사라져 있었다.

그런데 여느 때 같으면 불같이 화를 낼 르픽 부인이 그날만은 그렇지 않았다. 너그럽고 인자한 어머니답게 조용히 뒤처리를 했다. 그뿐인가,

다음 날 아침에 홍당무는 다른 집 막내처럼 침대에서 식사까지 했다.

르픽 부인이 침대로 수프를 갖다 주었다. 그것은 아주 야릇한 수프로, 르픽 부인은 수프에다 나무 주걱으로 그것을 약간 풀어 넣었던 것이다. 뭐, 아주 조금뿐이다.

침대 옆에는 형 펠릭스와 누나 에르네스틴이 얄궂은 표정으로 홍당무를 지켜보고 있었다. 신호만 하면 와 하고 웃음을 터뜨릴 기세였다.

르픽 부인은 숟가락으로 수프를 조금씩 떠서 아들의 입에 넣어 주었다. 르픽 부인과 펠릭스, 에르네스틴 세 사람은 눈짓으로 이렇게 말을 주고받는 것 같았다.

'자, 준비해!'

'알았어요, 엄마.'

이제 곧 찌푸린 얼굴을 보게 될 것이라고 벌써부터 모두들 들떠 있었다. 이웃 사람들도 초대했으면 좋았을 텐데 하는 표정이었다.

이윽고 르픽 부인은 펠릭스와 에르네스틴에게 마지막 눈짓을 했다. 이렇게 묻고 있는 것 같았다.

'이제 됐겠지?'

르픽 부인은 천천히 마지막 수저를 들어서 입을 벌리고 있는 홍당무의 목구멍까지 수프를 집어 넣었다.

자꾸 강제로 먹여 놓고 나서는 르픽 부인은 구역질을 해대며 홍당무에게 말했다.

"에이 더러워! 너는 똥을 먹었어. 그것도 제 것을, 간밤에 싼 것을."

펠릭스 형과 에르네스틴 누나는 눈물이 나도록 웃었다. 그러나 홍당무는 심드렁한 표정으로 말했다.

"다 알고 있었어."

홍당무가 너무 아무렇지도 않자, 오히려 르픽 부인과 펠릭스, 에르네스틴이 당황했다.

무슨 일이든 예사롭게 대하면 아무리 우스운 것도 없어져 버리는 모양이다.

요 강

벌써 몇 차례나 침대에서 곤란한 일이 생겼기 때문에, 홍당무는 매일 저녁 그에 대한 준비를 게을리 하지 않았다. 여름에는 일이 편했다. 9시에 르픽 부인이 가서 자라고 하면, 홍당무는 밖에 나가 한 바퀴 돌고 왔다. 그러면 밤새도록 안심이었다.

그런데 겨울에는 이 산책이 여간 고역이 아니었다. 해가 지면 닭장 문을 닫고 나서 첫 번째 준비를 해 두지만, 그것도 헛일이 되어 다음 날 아침까지는 도저히 참아낼 수가 없었다.

그래서 저녁 식사 후 9시까지 있다가 두 번째 볼일을 보지만, 그렇게 못 할 때도 있다. 그런 날은 스스로에게 물어보곤 했다.

'마렵니? 마렵지 않니?'

대개는 '마렵다'고 대답한다. 물론 마려워서 못 견딜 때가 있는데, 그 것은 달빛이 환히 비치고 있어 용기가 무럭무럭 솟아나는 날 밤이다. 때로는 르픽 씨와 펠릭스 형이 시범을 보여 주었다.

게다가 마렵다 해도 큰것일 때 말고는 집에서 멀리 떨어진 들 한복판에 있는 큰길 도랑까지 갈 필요는 없다. 대개 집의 계단 밑이나 적당한 곳에서 해결하면 되었다. 어쨌든 때와 경우에 따라서 다르다.

그런데 오늘 밤은 비가 유리창을 구멍투성이 체처럼 만들 것 같은 기세로 내리고 있고, 바람은 별빛을 꺼 버리고, 호두나무는 목장에서 미친 듯이 날뛰고 있었다.

홍당무는 스스로에게 물었다.

'괜찮겠지?'

그리고 홍당무는 이렇게 결론을 내렸다.

'오늘은 정말 안 마려워!'

식구들에게 밤인사를 하고 난 다음, 홍당무는 촛불을 켜 들고 복도 맨 구석 오른쪽에 있는 을씨년스럽고 텅 빈 자기 방으로 들어갔다.

홍당무는 옷을 벗고 누워서 르픽 부인이 오기를 기다렸다.

잠시 후, 르픽 부인이 들어와 홍당무의 이불자락을 침대 가장자리에 꾹 찔러 여미고는 촛불을 껐다.

르픽 부인은 초는 두고 갔으나, 성냥은 절대로 남겨 두지 않았다. 그리고 문을 닫고 자물쇠를 채웠다. 홍당무가 겁쟁이라는 이유에서였다.

홍당무는 우선 혼자 있는 기쁨을 맛보았다. 어둠 속에서 여러 가지 일들을 생각하면서 즐거워했다.

그 날 있었던 일들을 생각하고는, 몇 번이나 어려운 고비를 용케도 넘겼구나 하고 다행스럽게 생각하면서, 내일도 역시 오늘과 같은 행운이 있기를 빌었다. 이틀 동안만이라도 르픽 부인이 자기에게 주의를 기울이지 말았으면 하고 마음속으로 바랐다. 그런 일들을 꿈꾸면서 잠들려고 했다.

그런데 눈을 감기가 무섭게 곧 아랫배가 묵직한 것이 한바탕 쏟아 내야 할 것 같았다.

'도저히 안 되겠는걸.'

홍당무는 생각했다.

다른 사람 같으면 당장 일어났을 것이다. 그러나 홍당무는 침대 밑에 요강이 없다는 것을 안다. 그런 일은 결코 없다고 르픽 부인은 우기지만, 늘 그것을 가지고 오는 것을 잊었다.

'하긴 요강 같은 걸 갖다 둘 필요가 어디 있담? 나는 잠들기 전에 미리 조심하고 있는걸, 뭐' 하고 홍당무는 말했다.

홍당무는 이러지도 저러지도 못한 채 침대에 누워 여러 모로 궁리해 보았다.

'어차피 실수는 하게 되어 있어. 그런데 참으면 참을수록 더욱 곤란 말야. 하지만 당장 싸 버리면 조금이면 돼. 젖은 홑이불도 이내 내 체온으로 마르게 될 거야. 지금까지의 경험에 의하면, 엄마는 틀림없이 그 얼룩을 눈치채지 못할 거야.'

홍당무는 마음을 놓았다. 안심하고 다시 눈을 감고는 푹 잠들었다.

깜짝 놀라 잠이 깬 홍당무는 아랫배의 사정이 어떤가 하고, 배를 지그시 눌러 보았다. 배가 땡땡했다.

"이거 야단났네!"

홍당무는 깜짝 놀랐다.

괜찮으리라고 생각했던 것이 탈이었다. 어제 저녁에 게으름을 피운 것도 잘못이었다. 벼락 맞을 때가 다가왔다.

침대 위에 앉아서 어떻게 하면 좋을까 궁리해 보았다. 문은 자물쇠로 잠겨 있고, 창문에는 창살이 붙어 있다. 밖으로 나갈 방법은 없다.

그래도 홍당무는 벌떡 일어나서 창가로 다가가 창살을 만져 보았다. 창살은 분명히 있었고, 아주 튼튼하게 박혀 있었다.

이번에는 바닥에 배를 깔고 노를 젓듯 허우적거리며, 침대 밑 여기저기에 손을 뻗쳤다. 뻔히 없는 줄 알면서도 요강을 더듬어 찾는 것이다.

침대에 누웠다가 다시 또 일어났다. 잠을 자는 것보다는 몸을 움직이거나 걸어다니며 마루를 쾅쾅 구르는 것이 편했다. 두 손으로 불룩한 배를 꽉 움켜잡았다.

"엄마! 엄마!"

홍당무는 문틈으로 르픽 부인을 불러 보았다. 그러나 아주 작은 소리로 불렀다. 들리면 곤란하니까. 만약 르픽 부인이 갑자기 나타나기라도 한다면, 홍당무는 시치미를 떼고 엄마를 놀린 시늉을 하리라. 다만 아침에 엄마를 부른 게 거짓말이 아니라는 것을 말할 수 있도록 부르고 있을 뿐이다.

아니, 어떻게 큰 소리를 낼 수 있겠는가? 재난이 닥쳐오는 것을 늦추려고 안간힘을 다하고 있는데.

이윽고 견딜 수 없는 고통 때문에 홍당무는 껑충껑충 뛰기 시작했다. 벽에 부딪쳤다가는 펄쩍 뛰고, 침대의 쇠붙이에 부딪치고 의자에 부딪쳤다. 난로에 부딪쳤다가 후다닥 통풍판을 열고는 장작을 걸치는 틈 사이로 뛰어들었다.

그리고 몸을 비비 꼬다가 더 이상 못 참고 일을 저질렀다. 그리고 나서는 이제 온몸의 힘이 다 빠져 버린 나머지, 도리어 꿈꾸는 듯한 행복감마저 느끼며 그는 잠이 들어 버렸다.

침실의 어둠은 점점 더 짙어져 갔다.

홍당무는 간밤에 일어난 위기 때문에 새벽녘에야 잠이 들었으므로, 그만 늦잠을 자고 말았다. 르픽 부인이 문을 열고 들어와서 얼굴을 찌푸렸다. 그리고 목을 길게 빼고 콧구멍을 벌름거리며 냄새를 맡았다.

"어머나, 무슨 고약한 냄새가 나는구나!"

르픽 부인이 말했다.

"안녕히 주무셨어요?"

홍당무가 인사를 했다.

르픽 부인은 홑이불을 젖히고는 방 안 구석구석을 냄새 맡고 다녔다. 그리고 잠시 후에 드디어 찾아 냈다.

"배가 아팠어요. 그런데 요강이 없었는걸."

홍당무는 황급히 변명했다. 그것이 가장 멋진 핑계라고 생각했다.

"거짓말쟁이 같으니라구!"

르픽 부인은 소리쳤다.

그러더니 얼른 뛰어나가 요강을 보이지 않게 치마로 가리면서 가지고 왔다. 그것을 재빨리 침대 밑에 밀어넣은 다음, 홍당무를 일으켜 세우고 뺨을 찰싹 때렸다. 그리고 온 식구를 불러 놓고 소리를 질렀다.

"내가 무슨 죄를 지어서 이런 아이를 낳았을까?"

르픽 부인은 당장 걸레와 물이 가득 찬 양동이를 들고 와서 불이라도 끄는 듯한 기세로 난로에 물을 끼얹었다. 또 창문을 열고 이불을 터는 등 호들갑을 떨었다.

그렇게 해 놓고는 홍당무의 코앞에서 악을 썼다.

"한심한 놈, 머리가 어떻게 된 거 아냐? 커 갈수록 점점 더 말썽이구나. 요강을 갖다 바치면 짐승이라도 거기다 오줌을 눌 텐데. 그런데도 너는 난로 안에 들어가 누었으니, 하느님도 증인이 되어 주실 거야. 너 때문에 정말 미치겠어. 미치광이가 되어서 죽어 버리겠다고!"

홍당무는 셔츠 바람으로 맨발인 채 요강을 뚫어지게 보고 있었다. 어젯밤에는 분명히 없던 요강이 지금은 침대 발치에 모습을 보이고 있다. 그 하얗고 텅 빈 요강을 보고 있으려니 눈이 뱅뱅 도는 것 같았다. 이 상황에서 보이지 않았다고 우겨 대면 뻔뻔스러운 녀석이라고 말하겠지.

가족들은 한심스러워하고 있다. 놀려 대기 좋아하는 이웃 사람들은 줄을 지어 서 있다. 우편 배달부가 왔다. 그들은 홍당무에게 귀찮은 질문을 퍼부었다.

"거짓말이 아냐."

이윽고 홍당무가 요강을 보면서 나지막하게 중얼거렸다.

"나도 이젠 모르겠어. 맘대로들 생각하라고!"

토 끼

"네 몫의 멜론은 없다. 넌 날 닮아서 멜론을 싫어하지?"

르픽 부인이 말했다.

'참 잘도 꾸며 대는군.'

홍당무는 속으로 중얼거렸다.

좋고 싫은 것도 이런 식으로 늘 강제적이었다. 언제나 르픽 부인이 좋아하는 것을 좋아한다고 말하지 않으면 안 되었다. 치즈가 나오면 '틀림없이 홍당무는 안 먹을 거야' 하고 르픽 부인이 앞질러 말했다.

그러면 홍당무는 이렇게 생각했다.

'엄마가 저렇게 말하니, 먹어 볼 필요도 없는 일이지.'

섣불리 먹었다가는 호되게 당한다는 것도 알고 있었다.

곧 자신만이 알고 있는 곳에서 괴상한 일로 자신을 만족시킬 수 밖에 없었다.

디저트가 나오면 르픽 부인은 홍당무에게 말했다.

"이 멜론 찌꺼기를 토끼에게 갖다 줘라."

홍당무는 천천히 걸어서 토끼장으로 갔다. 멜론 찌꺼기를 한 조각도 떨어뜨리지 않으려고 접시를 반듯하게 받쳐 들고서.

토끼장으로 들어서자, 토끼들이 귀를 늘어뜨리고 콧잔등을 위로 치켜 올려 북이라도 치는 듯한 모습으로 앞발을 빳빳이 내밀고 홍당무를 둘러쌌다.

"잠깐만 기다려. 사이좋게 나눠 먹자꾸나."

홍당무는 말했다.

그리고 그는 토끼똥이며 뿌리까지 갉아먹은 스느송 풀이며 양배추 속이며 접시꽃 잎사귀 등이 뒤범벅되어 쌓여 있는 바닥에 털썩 주저앉았

다. 토끼들에게는 멜론 씨를 털어 주고, 자기는 국물을 쭉쭉 빨았다. 발효하기 전의 포도즙 못지않게 달콤했다.

그런 다음, 가족들이 먹다가 남긴 껍질에 붙은 살, 말하자면 아직 입안에서 녹일 수 있는 것은 조금도 남기지 않고 먹었다. 그리고 파란 껍질은 쪼그리고 앉아 있는 토끼들에게 주었다.

토끼장의 문은 단단히 닫혀 있었다.

모두 낮잠 잘 시간의 햇살이 토끼장 지붕 틈으로 비쳐 들어, 그 끝을 시원한 그늘 속에 담그고 있었다.

곡 괭 이

펠릭스 형과 홍당무가 나란히 서서 일을 한다. 밭을 매는 것이었다. 둘 다 손에는 곡괭이를 가지고 있었다. 형 펠릭스의 것은 특별히 대장간에 주문해서 만든 쇠로 된 것이지만, 홍당무의 것은 자기가 직접 만든 나무 곡괭이였다.

두 사람은 쉬지 않고 부지런히 밭을 맸다. 그러다가 갑자기 정말 생각지도 못한 순간에 사고가 일어났다. 홍당무가 이마 한가운데를 곡괭이로 얻어맞았던 것이다.

그런데도 잠시 후 침대로 옮겨진 것은 형 펠릭스였다. 홍당무가 피를 흘리는 것을 보고 까무러친 것이다. 온 식구가 그 옆으로 몰려들어, 발돋움을 하고 들여다보며 걱정스러운 듯 한숨지었다.

"정신이 들게 하는 약은 어디 있지?"

"찬물을 조금 줘요, 머리를 식혀 줘야겠어."

홍당무는 의자 위에 올라가서 모두의 머리 사이로 펠릭스 형을 내려다보았다. 홍당무의 이마에는 붕대가 둘러져 있었는데, 벌써 빨갛게 물

들어 있었다. 피가 스며 나와 번진 것이다.

르픽 씨가 홍당무에게 말했다.

"아프겠구나!"

붕대를 감아 준 에르네스틴 누나가 말했다.

"푹 파였어요. 버터에 구멍을 뚫어 놓은 것 같아요."

그러나 홍당무는 울지 않았다. 왜냐하면 그래 봤자 별수 없다고 모두가 말했기 때문이다.

잠시 후 펠릭스 형이 한쪽 눈을 떴다. 그리고 다른 한쪽 눈도 떴다. 무서웠을 뿐이지 아무 일도 없었다. 얼굴에 차차 핏기가 돌아오자, 걱정과 불안이 모두의 마음에서 사라져 갔다.

"늘 이렇다니까. 바보같이 조심하지 않고!"

르픽 부인이 홍당무에게 말했다.

엽 총

르픽 씨가 두 아들에게 사냥 도구를 챙겨 주면서 말했다.

"엽총은 두 사람에 한 자루만 있으면 되겠지? 사이좋은 형제는 뭐든지 같이 쓰는 법이란다."

"좋아요, 아빠."

형 펠릭스가 선뜻 대답했다.

"그렇게 할게요. 번갈아 쓰면 편리한 점도 있을 거예요."

르픽 씨는 어른스럽게 말하는 펠릭스를 기특하다는 듯 바라보았다.

그러나 홍당무는 잠자코 있었다. 형의 말을 믿지 않았기 때문이다.

녹색 케이스에서 엽총을 꺼내 들고 르픽 씨가 물었다.

"누가 먼저 가지겠니? 당연히 형이 먼저 써야겠지?"

펠릭스 : 홍당무한테 먼저 주세요. 제가 양보하겠어요.
르픽 씨 : 펠릭스, 오늘은 아주 기특하구나. 잊지 않으마.

르픽 씨는 엽총을 홍당무의 어깨에 걸쳐 주었다.

르픽 씨 : 자, 그럼 싸우지 말고 놀다 오너라.
홍당무 : 피람을 데리고 갈까요?
르픽 씨 : 필요없어. 너희가 번갈아 가면서 사냥개가 되면 돼. 원래 너희들같이 솜씨 좋은 사냥꾼은 사냥감에 상처를 입히지 않는 법이란다. 한 발로 쏘아 죽이지.

홍당무는 펠릭스 형과 함께 사냥을 나섰다. 평소와 같이 간편한 옷차림이다. 장화를 안 신은 것이 유감이지만, 르픽 씨는 진짜 사냥꾼은 그런 겉모양에 신경을 쓰지 않는 것이라고 말했다. 진짜 사냥꾼은 바짓가랑이가 발목까지 질질 끌려도 절대로 걷어올리지 않으며, 그런 모습으로 진흙탕 속이든 밭 가운데든 예사로 걸어간다고 했다. 그렇게 하면 진흙 장화가 저절로 생긴다는 것이었다. 무릎까지 오는 단단한 자연의 장화다. 그러나 그 장화를 다루는 데 하녀들은 특별히 여러 모로 신경을 써야 했다.
"설마 빈손으로 돌아오는 일은 없을 테지?"
펠릭스 형이 앞장서 가며 물었다.
"걱정 마."
홍당무가 자신 있게 대답했다.
홍당무의 어깨에 매달린 총이 자꾸 움직였다. 그 바람에 걷는 데 몹시 불편해서 여러 차례 멈춰 서서 총을 끌어올려야 했다.

"잘 잡아!"

펠릭스 형이 흘끗 쳐다보며 말했다.

"얼마든지 실컷 갖게 해 줄 테니까."

"역시 우리 형이야."

홍당무는 좋아서 입이 귀 밑에 걸렸다.

바로 그 때, 한 떼의 새가 공중으로 날아오르는 것이 보였다. 홍당무는 얼른 발을 멈추고 펠릭스 형에게 움직이지 말라고 신호를 했다. 새 떼는 이 숲에서 저 숲으로 날아갔다.

홍당무와 펠릭스 형은 몸을 낮추고 새 떼를 향해 살금살금 다가갔다. 마치 졸고 있는 새를 깨우지 않으려는 듯. 그런데 어느 새 눈치를 챈 새 떼는 날쌔게 하늘로 날아올라 지지배배 지저귀며 다른 곳으로 가서 앉았다. 두 사냥꾼은 다시 몸을 일으켰다.

"제기랄!"

펠릭스는 새 떼를 향해 욕을 퍼부어 댔다.

홍당무는 새 떼를 놓친 것이 다행스러웠다. 만약 새 떼가 도망가지 않았다면 총을 쏘아야 하지 않았겠는가. 가슴이 두근두근했지만, 형처럼 성미가 급해서 그런 것은 아니다. 자기의 사냥 솜씨를 보여 줘야 할 순간을 두려워하고 있는 것이다.

만약에 맞히지 못한다면! 그 순간이 미루어질 때마다 홍당무는 마음이 놓였다.

잠시 후, 이번에는 새 쪽에서 그들을 기다리고 있는 것처럼 보였다. 홍당무는 얼른 총을 겨누었다.

펠릭스 : 아직 쏘지 마! 너무 멀어.

홍당무 : 그래?

펠릭스 : 우리가 몸을 숙이고 있기 때문에 가까워 보이는 거야. 바로 옆이라고 생각해도 사실은 퍽 먼 거리야. 막상 총을 쏘면 미치지 못할때가 있거든.

펠릭스 형은 자기 말이 옳다는 것을 증명하기 위해 갑자기 얼굴을 들었다. 그 바람에 새들은 깜짝 놀라 하늘 높이 날아가 버렸다.

그런데 그중 한 마리가 날아가지 않고 나뭇가지 끝에 앉아 있었다. 나뭇가지가 휘어져서 새가 흔들거리고 있었다. 새는 마치 그네라도 타듯 배를 드러낸 채 꼬리를 흔들고 머리를 움직이고 있었다.

홍당무 : 됐다, 저 정도면 쏠 수 있을 것 같아!

펠릭스 : 비켜 봐, 정말 저놈은 근사한데. 저건 꼭 맞힐 거야. 빨리 총을 이리 줘.

펠릭스 형은 총을 빼앗더니 새를 향해 겨누었다. 얼떨결에 총을 뺏겨 빈털터리가 된 홍당무는 하품을 하고 있었다.

그 대신 홍당무의 눈앞에서 펠릭스 형이 총을 어깨에 대고는 '탕' 하고 한 발 쏘았다. 새는 보기 좋게 떨어졌다. 모든 것이 순식간에 일어난 일이었다.

마치 요술 같았다. 홍당무는 조금 전까지도 총을 소중하게 가슴에 껴안고 있었다. 그런데 갑자기 손에서 총이 사라지는가 싶더니, 다시 눈 깜짝할 사이에 되돌아왔다. 홍당무는 손에 든 총을 보았다.

"꾸물거리지 말고 좀 서둘러!"

펠릭스 형이 마치 사냥개처럼 앞으로 나서면서 소리를 질렀다.

홍당무 : 천천히 가.

펠릭스 : 아니, 너 화났니?

홍당무 : 그럼 좋아서 노래라도 부르란 말이야? 형 같으면 화 안 나겠어?

펠릭스 : 새를 잡았으면 그만 아냐? 놓쳤을 때를 생각해 봐.

홍당무 : 하지만 난……

펠릭스 : 누가 잡았으면 어때? 너나 나나 마찬가지지. 오늘은 내가 잡았으니, 내일은 네가 잡아.

홍당무 : 또 내일?

펠릭스 : 이번엔 정말이야. 약속할게.

홍당무 : 알 게 뭐야. 언제나 전날에는 그렇게 약속하는걸, 뭐.

펠릭스 : 하느님께 맹세할게! 그럼 됐지?

홍당무 : 좋아. 이제 다른 새를 찾아보자. 이번에는 내가 쏘아 볼게.

펠릭스 : 안 돼, 오늘은 벌써 늦었어. 집으로 돌아가서 엄마한테 이놈을 구워 달라고 하자. 자, 너 줄 테니까 주머니에 넣고 가, 이 심술꾸러기야. 주둥이는 밖으로 내놓아야지.

홍당무는 펠릭스 형과 함께 집으로 향했다.

가다가 가끔씩 농부를 만났는데, 그들은 이렇게 말했다.

"얘들아, 너희들 설마 아버지를 쏜 건 아니겠지?"

농부들이 농담을 하면, 홍당무는 보란 듯이 주머니 밖으로 늘어진 새의 머리를 손으로 건드렸다.

그러는 사이에 홍당무는 기분이 좋아져서 조금 전의 일은 까맣게 잊어버렸다. 둘은 아주 사이좋게 우쭐대면서 돌아왔다.

르픽 씨는 두 아들의 모습을 보자 놀라며 말했다.

"아니, 홍당무야, 아직도 총을 메고 있니? 이제까지 네가 죽 갖고 있었구나!"

"네, 거의 대부분……."

홍당무는 우물쭈물 말끝을 흐렸다.

두 더 지

어느 날 홍당무는 길에서 두더지를 보았다. 굴뚝 청소부처럼 새까만 두더지였다.

홍당무는 실컷 가지고 놀다가 죽이기로 마음먹었다. 그래서 몇 번이고 공중으로 던져 올렸다가 떨어뜨렸다. 될 수 있는 한 돌맹이 위에 떨어지도록 했다.

처음에는 모든 것이 순조롭게 잘 되어 갔다.

어느덧 두더지는 다리가 부러지고 머리와 등이 터져 곧 죽을 것 같아 보였다.

그러나 숨은 쉽게 끊어지지 않았다.

홍당무는 두더지의 끈질긴 생명력에 놀랐다. 지붕까지 높이, 하늘 높이 던져도 도무지 뜻대로 되지 않았다.

"아직도 안 죽다니, 정말 굉장한데!"

홍당무는 중얼거렸다.

두더지는 피로 얼룩진 돌 위에 엉겨 붙어 있었지만, 기름진 배는 파르르 떨렸다. 떨고 있다는 것은 분명히 살아 있다는 증거였다.

"이건 정말 놀랄 일이야!"

홍당무가 약이 올라서 소리치며 두더지를 집어 들었다.

"이래도 못 죽겠니?"

홍당무는 얼굴이 시뻘개가지고 눈에 눈물까지 글썽이며 두더지에게 침을 퉤 뱉었다. 그리고 돌에다 힘껏 메어쳤다.

그런데도 그 보기 흉한 배는 여전히 움직이고 있었다.

홍당무가 약이 올라 메어치면 칠수록 두더지는 죽지 않으려고 더욱 기를 쓰는 것처럼 보였다.

말먹이풀

홍당무와 펠릭스 형은 저녁 예배를 끝내고 급히 집으로 돌아오고 있었다. 4시 간식 시간에 맞추려면 부지런히 걸어야 했다.

간식은 보통 버터나 잼을 바른 빵이었다. 그러나 홍당무에게는 아무 것도 바르지 않은 빵을 주었다. 왜냐하면 홍당무가 너무 일찍 어른 흉내를 내려고 했기 때문이다.

어느 날, 홍당무는 식구들 앞에서 자기는 먹보가 아니라고 말하며 자연 그대로의 것이 좋다고 으스댔다. 그 날부터 홍당무는 아무것도 바르지 않은 빵을 먹게 되었다.

홍당무는 펠릭스 형보다 빨리 걸었다. 먼저 간식을 먹기 위해서였다.

아무것도 바르지 않은 빵은 대체로 매우 딱딱했다. 그래서 홍당무는 마치 적이라도 공격하듯 빵을 물어뜯었다. 양손으로 빵을 꼭 쥐고 우악스럽게 뜯어 먹는 것이다. 박치기를 몇 번이나 해서 잘게 만드느라고 빵가루가 사방에 흩어질 때도 있었다. 식구들은 그것을 신기한 듯이 바라보았다.

아무튼 홍당무의 위장은 타조처럼 튼튼하니까, 돌이건 녹슨 동전이건 가리지 않고 소화시킬 것이 틀림없다. 다시 말하면, 그는 어떤 고약한 음식이라도 받아들인다는 것이다.

집에 도착한 홍당무는 얼른 문을 밀었다. 그러나 문은 굳게 잠겨 있었다.

"아무도 없나 봐. 발로 차 봐, 형!"

홍당무가 펠릭스 형에게 말했다.

"제기랄!"

펠릭스 형은 소리를 지르면서 못을 잔뜩 박은 육중한 문에 몸을 부딪쳤다. 그러나 '퍽' 하고 둔탁한 소리가 났을 뿐 문은 열리지 않았다.

둘이 힘을 합해서 어깨로 밀어 보았지만, 문은 꿈쩍도 하지 않는다.

홍당무 : 정말 아무도 없나 봐.

펠릭스 : 도대체 다들 어딜 가셨을까?

홍당무 : 그거야 모르지. 아무튼 앉자.

홍당무는 펠릭스 형과 함께 계단에 주저앉았다. 싸늘한 기운이 엉덩이를 타고 뼛속 깊이 전해졌다. 홍당무는 하품을 하고 주먹으로 가슴을 두들겼다. 심한 허기증 때문에 그대로 앉아 있을 수가 없었던 것이다.

펠릭스 : 이런 상황에서 엄마나 아빠가 돌아오실 때까지 얌전하게 기다리고 있을 거라고 생각하면 절대 오산이지.

홍당무 : 하지만 달리 좋은 방법이 없잖아.

펠릭스 : 기다릴 수 없어. 굶어 죽고 싶지 않아. 난 지금 당장 먹고 싶어. 뭐든지 좋아, 풀이라도 말이야.

홍당무 : 풀이라도? 그거 좋은 생각인데. 아빠와 엄마를 골탕먹이자는 거지?

펠릭스 : 물론이야! 누구나 샐러드를 잘 먹잖아. 우리끼리 이야기지만, 말먹이풀도 샐러드처럼 연하거든. 말하자면 기름도 초도 안 친 샐러드인 셈이지.

홍당무 : 샐러드처럼 버무리지 않아도 되고.

펠릭스 : 우리 내기할래? 나는 말먹이풀을 먹겠어. 하지만 넌 못 먹을 것 같은데?

홍당무 : 어째서 형은 먹을 수 있는데 나는 못 먹는다는 거지?

펠릭스 : 그럼 우리 정말 내기할까?

홍당무 : 그보다 옆집에 가서 빵 한 조각하고 요구르트를 좀 얻어 오는 게 어떨까?

펠릭스 : 난 말먹이풀이 더 좋아.

홍당무 : 그렇다면 할 수 없지, 뭐. 가자.

이윽고 말먹이풀밭이 두 사람의 눈앞에 먹음직스러운 초록빛으로 펼쳐졌다. 홍당무와 펠릭스 형은 그 풀밭으로 들어서자마자 재미가 나서 일부러 신을 질질 끌며 앞으로 나아갔다. 부드러운 풀줄기가 두 사람 발길에 짓밟혀 그대로 좁다란 길이 만들어졌다. 나중에라도 그 길을 본 사람이 있다면, 틀림없이 불안한 표정으로 이렇게 말할 것이다.

"도대체 어떤 짐승의 발자국이지?"

냉기가 바짓가랑이를 거쳐 종아리에 스며들었다. 종아리가 조금씩 저려 왔다.

홍당무와 펠릭스 형은 밭 한복판에 납작 엎드렸다.

"기분 좋은데!"

펠릭스 형이 말했다.

풀잎이 홍당무와 펠릭스 형의 얼굴을 간지럽혔다. 두 사람은 고개를 저으며 웃었다. 마치 어렸을 때 한 침대에서 함께 자던 때처럼.

그 무렵에는 곧잘 르픽 씨가 옆방에서 소리를 지르곤 했다.

"그만들 자거라!"

홍당무와 펠릭스 형은 배고픈 것도 잊고 뱃사람, 개, 그리고 개구리 흉내를 내며 헤엄치기 시작했다. 우거진 풀잎 사이로 두 사람의 머리가 비죽 나와 있었다.

홍당무와 펠릭스 형은 쉽게 부서지는 파란 빛의 잔잔한 물결을 손으로 헤치고 발로 눌러 차기도 했다. 그 때마다 잔잔한 물결은 흩어져서 다시는 일어서지 않았다.

"한 번에 여기까지 왔다!"

펠릭스 형이 말했다.

"이것 봐, 형! 난 이렇게 죽죽 나가잖아."

홍당무도 신이 나서 소리쳤다.

홍당무는 아주 기분이 좋았다. 얼마나 좋은지 잠깐 잠깐 쉬면서 그 행복한 기분을 음미할 정도였다.

홍당무와 펠릭스 형은 팔을 괸 채 두더지가 파 놓은 봉긋한 길을 눈으로 쫓고 있었다.

그 좁다란 길은 땅바닥 위에 지그재그로 뻗어 있었는데, 마치 할아버지의 팔뚝에 솟아 있는 힘줄처럼 보였다. 그것은 자취를 감추었다가 다시 빈터에서 불쑥 얼굴을 내밀었다.

그 빈터에는 온갖 풀과 나무의 영양분을 가로채어 먹는 새삼덩굴이 불그스름한 수염 모양의 줄기를 뻗고 있었다. 그것은 악질적인 기생풀로서 미끈하게 다 자란 말먹이풀마저 말려 놓곤 했다.

두더지 집은 그곳에 인도식으로 세워진 움막을 몇 채나 가지런히 세운 작은 마을 모양을 이루고 있었다.

"이것으로 끝난 게 아니야."

펠릭스 형이 말했다.

"자, 얼른 먹자. 시작! 내 몫을 건드리면 안 돼."

펠릭스 형은 팔을 안으로 꺾어서 활 모양을 만들었다.

"난 조금만 먹어도 충분해."

홍당무가 말했다.

그와 동시에 두 사람의 머리가 풀숲에 깊이 파묻혔다. 설마 이런 곳에 그들이 있으리라고는 아무도 상상하지 못할 것이다.

바람이 부드러운 입김으로 말먹이풀의 얇은 잎사귀를 흔들자, 그 푸르스름한 뒷면이 보였다. 이어서 온 밭의 잎사귀가 차례로 산들바람을 맞이했다.

펠릭스 형은 말먹이풀을 한아름 뽑아서 머리에 덮어썼다. 그러고는 입에 쑤셔 넣는 체하며 송아지가 풀을 뜯어먹을 때 내는 소리를 흉내냈다. 송아지는 말먹이풀을 너무 먹어서 곧잘 배불뚝이가 되었는데, 조금 세상을 알고 있는 펠릭스 형은 말먹이풀 뿌리까지 모조리 먹어 버리는 시늉을 했다.

홍당무는 펠릭스 형이 진짜로 그 뿌리까지 먹는 줄 알았다. 그러나 자신은 깨끗한 잎새만을 골라서 먹었다.

홍당무는 코끝에서 잎사귀를 말아서 입으로 가져가 천천히 씹었다.

'서두를 필요가 어디 있담?'

사실 식탁을 시간제로 빌린 것도 아니니 서두를 것이 전혀 없었다.

사각사각 씹어 나온 말먹이풀물로 혓바닥은 쓰고 속은 뒤집힐 것 같았지만, 홍당무는 꾹 참고 꿀꺽 삼켰다. 마치 진수성찬이라도 받은 것처럼. 맛이야 좀 안 좋지만 나머지 조건은 괜찮은 편 아닌가.

잔

이제부터 홍당무는 식사 때 포도주를 마시지 않기로 했다. 2, 3일 동안에 포도주 마시는 버릇을 깨끗이 없애 버렸으므로, 식구들은 모두 깜짝 놀랐다. 사연인즉 이렇다.

어느 날 아침, 홍당무는 르픽 부인이 여느 때처럼 포도주를 따라 주려고 하자 손을 내밀어 막았다.

"필요 없어요, 엄마. 난 목이 안 말라요."

저녁 식사 때도 또 말했다.

"필요 없어요, 엄마. 목마르지 않아요."

"너 아주 알뜰해졌구나. 우리 홍당무 덕분에 다른 사람이 먹을 게 많아지겠네."

르픽 부인이 비꼬듯이 말했다.

그리하여 홍당무는 그 첫날을 포도주를 한 모금도 마시지 않고 지냈다. 날씨가 포근해서 목이 마르지 않았기 때문이다.

다음 날, 르픽 부인이 식탁을 차리면서 물었다.

"오늘은 마시겠니, 홍당무?"

"글쎄, 잘 모르겠어요."

홍당무는 고개를 갸우뚱했다.

"좋을 대로 하렴. 마시고 싶으면 찬장에서 잔을 가지고 오너라."

다른 사람들에게 포도주를 따라 주며 르픽 부인이 말했다.

그러나 홍당무는 잔을 가지러 가지 않았다. 기분이 내키지 않아서인지, 잊어버렸는지, 아니면 제 발로 가지러 가는 것이 쑥스러워서였는지, 그건 알 수 없는 일이다. 모두들 놀란 표정을 지었다.

"대단하구나. 네게 그런 절제력이 있었다니, 정말 놀랍구나! 그 나이엔 흔치 않은 일인데."

르픽 부인 역시 놀란 듯 말했다.

"보기 드문 절제력이야. 그런 절제력은 훗날 네 인생에 큰 도움이 될 거야. 낙타도 타지 않은 채 혼자서 사막을 헤매게 되더라도 절대 잘못되는 일은 없을 거라는 말이다."

르픽 씨도 말했다.

펠릭스 형과 에르네스틴 누나는 내기를 했다.

에르네스틴 : 일주일 정도는 안 마실 거야.

펠릭스 : 천만에! 일요일까지 사흘만 견뎌도 제법이지.

"아니, 목이 마르지 않으면 난 언제까지라도 안 마실래. 토끼나 마르모트를 봐. 포도주를 안 마셔도 괜찮잖아."

홍당무가 히죽 웃으면서 말했다.

"너는 마르모트가 아니야."

펠릭스 형이 말했다.

홍당무는 두 사람에게 본때를 보여 주고 싶었다.

그 후로도 르픽 부인은 여전히 홍당무의 잔을 내놓지 않았다. 홍당무역시 잔을 달라고 하지 않았다. 비꼬는 것도, 진심에서 우러나오는 칭찬도 그저 무심하게 귓등으로 흘려보냈다.

"저애는 병이 났거나 아니면 미친 모양이야."

이웃에서는 그런 말을 하는 사람도 있었다.

또 이렇게 말하는 사람도 있었다.

"틀림없이 몰래 마시겠지."

그런데 무슨 일이든 신기한 것은 처음 한때뿐이다. 시간이 가면 으레그러려니 하게 되는 것이 사람의 마음이다. 따라서 입 안이 마르지 않았다는 증거를 보이기 위해 홍당무가 혀를 내미는 횟수도 점점 줄어들었다.

이제 르픽 씨나 르픽 부인은 물론이고, 이웃 사람들도 홍당무가 포도주를 마시지 않는 것을 예사로 여기게 되었다. 다만 어쩌다 영문 모르는 사람들이 이런 이야기를 듣고는 말도 안 된다는 듯이 팔을 휘저을뿐이었다.

"그럴 수가! 어떻게 마시고 싶은 자연적인 욕구를 참을 수 있겠어?
그것도 아직 나이도 어린 애가……."

르픽 씨가 걱정이 되어 의사에게 의논하니, 극히 드문 경우지만 세상에는 이해할 수 없는 일도 많은 만큼 얼마든지 있을 수 있는 일이라고대답했다.

누구보다도 놀란 사람은 홍당무 자신이었다.

홍당무가 포도주를 마시지 않은 것은 펠릭스 형과 에르네스틴 누나에게 본때를 보여 주기 위해서였다. 사실 처음엔 은근히 걱정이 되었다. 못 견딜 정도로 고통스러워지면 어쩌나 싶었던 것이다.

그런데 막상 해 보니 참을 만했다. 쓰라린 괴로움을 스스로 떠맡아서 모험을 해 볼 작정으로 시작했는데, 괴롭지도 아무렇지도 않았다. 몸도 오히려 더 좋아진 느낌이었다. 목마른 것뿐만 아니라, 배고픈 것도 견딜 수 있음을 보이지 못하는 것이 유감스러웠다. 음식을 먹지 않고 공기로만 살아갈 수는 없을까.

어느 새 홍당무는 잔 같은 것은 까마득하게 잊어버렸다. 따라서 홍당무의 포도주 잔은 벌써 오래 전부터 필요없는 물건이 되었다. 하녀 오노린은 그 잔에다 촛대를 닦는 붉은 모래를 가득 담아 두었다.

빵 조 각

르픽 씨는 기분이 좋을 때면 자진해서 아이들과 함께 놀아 주었다. 특히 뜰 안의 좁은 길을 거닐면서 여러 가지 재미있는 이야기를 해 주면, 펠릭스 형과 홍당무는 땅바닥을 구르며 좋아했다.

너무나 재미있고 우스워서 참을 수가 없었던 것이다.

그날 아침에도 정말 대단했다. 홍당무와 펠릭스 형은 데굴데굴 구르며 웃었다. 에르네스틴 누나가 와서 점심 준비가 되었다고 말하는 바람에 겨우 진정했다. 그런데 이상하게도 가족이 모두 모이면 다들 얼굴을 찌푸리고 있었다. 마치 화라도 잔뜩 난 것처럼.

모두들 여느 때와 마찬가지로 숨도 쉬지 않고 급하게 식사를 했다. 그러면서도 빵조각 하나 흘리지 않았다. 만일 예약된 식탁이라면, 그대로 다른 손님에게 자리를 물려주어도 전혀 지장이 없을 정도였다.

그 때, 르픽 부인이 갑자기 침묵을 깨뜨렸다.

"빵 좀 집어 줘요. 남은 잼을 먹어치워야지."

그 소리에 르픽 씨를 비롯해 홍당무와 펠릭스 형, 에르네스틴 누나는 깜짝 놀랐다.

르픽 부인은 누구에게 그렇게 말한 것일까?

대개의 경우, 르픽 부인은 먹고 싶은 것이 있으면 남에게 부탁하지 않고 손수 가져다 먹곤 했다.

르픽 부인이 말을 거는 상대는 오직 피람뿐이었다. 개에게 야채 값을 가르쳐 주고, 요즈음 쥐꼬리만한 예산으로 여섯 식구와 한 마리의 개를 먹여 살리는 것이 얼마나 어려운지 설명하기도 했다.

"그렇겠지. 네가 이 집 살림살이를 꾸려 나가는 괴로움을 알 까닭이 없지. 틀림없이 너도 남자들처럼, 요리를 하는 주부는 모두 거저 사 온다고 생각하고 있겠지. 버터 값이 오르든, 계란이 손도 못 내밀 만 큼 비싸든 그런 건 아예 관심도 없겠지."

르픽 부인은 코를 실룩거리면서 꼬리로 구두 닦는 매트를 두들기고 있는 피람에게 말했다.

그런데 그 날은 르픽 부인이 희한하게도 르픽 씨에게 직접 말을 건 넨 것이었다. 더구나 다른 사람도 있는데, 르픽 씨를 향해서 잼을 먹어 치워야겠다고 빵을 달라고 했으니 놀라지 않을 수 없었다. 홍당무와 펠 릭스 형, 에르네스틴 누나는 믿을 수 없다는 얼굴로 르픽 부인을 쳐다 보았다. 그러나 그것은 누구의 눈에나 의심할 여지가 없는 사실이었다. 우선 첫째로, 르픽 부인의 눈은 남편 쪽을 보고 있었다. 둘째로, 빵은 르픽 씨 곁에 있었다.

르픽 씨는 깜짝 놀라 한순간 망설였다. 평소와 다른 부인의 태도에 당황했던 것이다. 그러나 르픽 씨는 바구니에 있는 빵을 손가락 끝으로 집어 들더니, 정색을 하고 우울한 얼굴로 르픽 부인에게 던졌다.

장난으로 그렇게 했는지, 싸움을 거는 것이었는지 그것은 알 수 없다. 아무튼 에르네스틴은 르픽 부인과 마찬가지로 모욕당한 느낌이었다.

'아빠 오늘 기분이 좋은데!'

그런 생각을 하며 펠릭스는 말을 타고 달리듯 의자를 삐걱거렸다.

홍당무는 입술이 벽돌처럼 굳어져서 아무 말도 하지 않았다. 입술에는 음식 찌꺼기를 더덕더덕 붙이고, 윙윙거리는 귀울림 속에 구운 사과를 잔뜩 입에 넣은 채 꾹 참고 있었다. 그 때 르픽 부인이 식탁에서 벌떡 일어서지 않았더라면, 아마 긴장한 나머지 방귀라도 뀌었을 것이다. 왜냐하면 르픽 부인이 아들과 딸의 눈앞에서 인간 쓰레기 취급을 당했으니까!

나 팔

르픽 씨는 오늘 아침 파리에서 막 돌아온 길이었다. 르픽 씨는 큰 트렁크를 열었다. 펠릭스 형과 에르네스틴 누나에게 줄 선물이 나왔다. 그런데 그것은 참으로 신통하게도 두 사람이 꿈꾸었던 바로 그 물건이었다.

르픽 씨는 등뒤로 두 손을 감추고 짓궂게 홍당무 쪽을 보고 말했다.

"이번에는 네 차례다. 나팔 같으냐, 아니면 권총 같으냐?"

홍당무는 개구쟁이라기보다는 오히려 조심스러운 성격이었다. 그래서 권총보다는 나팔을 갖고 싶었다. 나팔은 폭발하지 않기 때문이었다.

그러나 홍당무와 비슷한 또래의 다른 아이들은 총이라든가 허리에 차는 긴 칼이라든가 전쟁놀이의 장난감이 아니면 노는 기분이 안 난다고 했다. 그 나이에는 화약 냄새를 맡거나 닥치는 대로 물건을 때려부수고 싶은 욕망이 있으니까. 르픽 씨는 아이들의 그런 기분을 잘 알고 있었다. 그래서 그는 아이들에게 알맞은 선물을 사 왔던 것이다.

"전 권총이 좋아요."

홍당무는 또렷하게 말했다. 아버지의 기분을 확실히 알아맞혔다는 듯이. 그리고 조금 들떠서 이런 말까지 했다.

"숨겨도 소용없어요. 보이는걸, 뭐!"

"아, 그래? 너도 이제 권총이 좋으냐? 그렇게 변했구나."

르픽 씨가 머뭇거리면서 말했다.

얼떨떨해진 홍당무는 곧 말을 바꾸었다.

"아니, 그렇지는 않아요, 아빠. 그냥 장난삼아 말했을 뿐이에요. 걱정하지 마세요. 전 권총 같은 건 싫어요. 자, 빨리 나팔이나 주세요. 전 나팔 부는 게 제일 좋아요."

르픽 부인 : 그런데 왜 거짓말을 했니? 나팔이 좋으면서 권총이 좋다고 말하다니, 아버지를 골탕먹이려고 그런 거냐? 게다가 아무것도 안 보이는데 권총이 보인다고 거짓말까지 해? 거짓말을 한 벌로, 권총도 나팔도 주지 않겠다. 자, 이 나팔을 잘 봐라. 빨간 술이 세 개에 금빛 술이 있는 깃발도 하나 달려 있어. 잘 봤지? 그럼 방해가 되니 가 봐라. 가서 손가락으로 휘파람이라도 불면서 놀려무나.

그리하여 빨간 술 세 개와 금빛 술이 있는 깃발이 달린 홍당무의 나팔은 벽장 꼭대기 서랍 속, 개켜 둔 하얀 속옷 위에서 나팔수를 기다리고 있었다. 홍당무의 손에 닿지도 않고 눈에 보이지도 않는 가운데 마치 마지막 심판 날의 나팔처럼 묵묵히 기다리고 있었다.

머리카락

　일요일이면 르픽 부인은 아이들에게 반드시 성당에 가라고 한다.

　홍당무와 펠릭스 형을 깨끗하게 단장시키는 일은 누나인 에르네스틴이 맡았다. 그래서 에르네스틴 누나는 홍당무나 펠릭스 형에 비해 준비하는 데 훨씬 많은 시간이 걸렸다.

　에르네스틴 누나는 홍당무와 펠릭스 형의 넥타이도 매 주고 손톱도 깎아 주고 성경책도 챙겨 주었다. 그런데 언제나 무거운 성경책은 홍당무가 가지고 가게 했다.

　에르네스틴 누나가 가장 중요하게 여기고 열성을 보이는 것은 홍당무와 펠릭스 형의 머리에 포마드를 발라 주는 일이었다.

　홍당무는 시키는 대로 얌전히 서 있지만, 펠릭스 형은 그렇지 않았다.

　"나, 화낼 거야."

　펠릭스는 에르네스틴 누나에게 으름장을 놓곤 했다.

　그럴 때, 에르네스틴 누나는 펠릭스를 구슬렀다.

　"오늘도 깜박 잊어버리고 발랐어. 일부러 그런 건 아니야. 다음 일요일부터는 잊지 않을게, 그러니 이번만 이해해 줘."

　그러면서 슬쩍 문질러 버리는 것이었다.

　"어디 두고 보자고!"

　펠릭스 형이 화를 냈다.

　그날 아침에도 에르네스틴 누나는 또 잊어버렸다. 펠릭스가 목욕을 한 뒤 물기를 닦느라 고개를 숙이고 있는 동안에 포마드를 슬쩍 발랐다. 그런데 펠릭스는 모르는 모양이었다.

　"자, 원하는 대로 했으니 투덜거리지 마. 난로 위를 봐. 분명히 포마드 병의 뚜껑이 닫혀 있지? 하긴 오빠 머리는 포마드를 바를 필요가

없어. 홍당무 머리는 시멘트가 필요할 정도지만, 오빠는 안 그래. 저절로 곱슬거리면서 말을 잘 듣는걸, 뭐. 오빠 머리카락은 꼭 양배추 같아. 이 가르마도 저녁때까진 그대로 있을 거야."

에르네스틴이 시치미를 떼고 말했다.

"고마워."

펠릭스는 전혀 의심하는 기색 없이 일어섰다. 여느 때처럼 머리를 만져 보고 사실 여부를 확인해 보지도 않았다.

에르네스틴 누나는 펠릭스 형이 옷 입는 것을 차근차근 돌보아 주었다. 그리고 흰 비단 장갑을 끼워 주었다.

"이제 됐어?"

펠릭스 형이 물었다.

"응, 멋져. 마치 왕자님 같아. 이제 모자만 쓰면 되겠군. 장롱 안에 있으니 가지고 와."

에르네스틴 누나가 여전히 시치미를 떼고 말했다.

펠릭스 형은 모르는 척하고 장롱 앞을 그냥 지나쳐 찬장 쪽으로 갔다. 이윽고 찬장 앞에서 걸음을 멈추더니, 그 문을 열고 물이 가득 든 주전자를 꺼냈다. 그러더니 천연덕스럽게 머리에 물을 주르르 부었다.

"내가 바보 취급은 그만두라고 미리 말했지? 네까짓 계집애가 감히 나 같은 도사를 속이려 하다니……. 이래도 정신 못 차리고 또 발라 봐라. 이번엔 포마드 병을 아예 강물 속에 집어던지고 말 테다!"

머리는 납작해지고, 나들이옷에서는 물이 뚝뚝 떨어지고 있었다. 이제 흠뻑 젖은 옷을 갈아입거나 햇볕에 말려 입거나 둘 중 하나였다. 어느 쪽이라도 상관 없었다.

'쳇, 저게 무슨 꼴이야!'

홍당무는 혼잣말로 중얼거렸다. 그러면서도 속으로는 감탄했다.

'과연 형은 무서운 게 없어. 내가 저런 짓을 했다간 당장 벼락이 떨어질 텐데. 난 포마드를 바르건 말건 꼼짝도 하지 않고 있을 거야.'

홍당무는 체념한 채 에르네스틴 누나에게 머리를 내맡기고 있었다. 그런데 머리카락은 홍당무와는 생각이 다른 것 같았다.

포마드 때문에 머리카락은 잠시 죽은 듯이 누워 있었다. 그러나 시간이 흐름에 따라 끈끈한 기름기를 밀어젖히고 하나둘 일어나기 시작했다. 그러다가 빤질빤질한 골을 파기 시작하더니, 얼마 안 가서 첫째 다발이 벌떡 일어섰다. 그것도 대단히 꼿꼿하고 자유롭게!

수 영

4시가 되려고 하자, 홍당무는 안절부절못하고 마당의 개암나무 밑에서 자고 있는 르픽 씨와 펠릭스 형을 흔들어 깨웠다.

홍당무 : 갈 시간이 됐어요.
펠릭스 : 내 수영복 좀 갖고 와.
르픽 씨 : 아직 더워서 못 견딜 거야, 틀림없이.
펠릭스 : 나는 햇볕이 쨍쨍 내리쬐는 편이 좋아요.
홍당무 : 아빠도 여기보다는 강가가 더 좋을 거예요. 풀밭에 가만히 누워 계시면 되잖아요.
르픽 씨 : 앞장서라. 천천히 걸어야 해. 더위 먹으면 곤란하니까.

르픽 씨의 주의에도 불구하고, 홍당무는 천천히 걷는 것이 힘들었다. 빨리 걷고 싶어서 발이 근질근질했다. 어깨에는 무늬 없는 수수한 자기 수영복과 빨강과 파랑 무늬가 있는 펠릭스 형의 화려한 수영복이 걸쳐져 있었다.

홍당무는 신나게 혼자서 지껄이기도 하고 노래도 불렀다. 또 나뭇가지로 뛰어올라가 공중에서 헤엄치는 흉내를 내고는 펠릭스 형에게 큰 소리로 말했다.

"물에 들어가면 시원할 거야. 오늘은 정말 실컷 헤엄쳐야지."

"그게 맘대로 될까?"

물에 대해 잘 알고 있는 펠릭스 형은 깔보듯이 말했다.

홍당무는 갑자기 입을 다물었다. 펠릭스 형의 말이 맞았기 때문이다.

홍당무는 나지막한 돌담을 사뿐 뛰어넘었다. 그 순간 언뜻 강이 모습을 나타냈다가 사라졌다.

홍당무는 더욱 빨리 달려갔다. 곧 눈앞에 강물이 펼쳐졌다. 어느 새 쓸데없이 떠들어 댈 기분은 사라지고 말았다.

강물이 햇빛을 반사하며 보석같이 차갑게 빛나고 있었다. 그리고 마치 톱니가 맞물려 돌아가는 것 같은 소리를 내며 출렁거렸다.

저 속에 뛰어드는 것이다. 그리고 르픽 씨가 시계를 보면서 시간을 재고 있는 동안, 강물 속에서 헤엄치고 있어야 한다. 홍당무는 오싹해졌다. 어떻게든 이번에는 해내고야 말겠다고 용기를 내어 보지만, 막상 닥치고 보면 언제나 그 기세가 꺾이고 만다. 멀리서 자기를 끌어당기고 있는 물을 보니 겁이 나서 오금을 펴지 못할 지경이었다.

홍당무는 강물로부터 좀 떨어진 곳에서 옷을 벗기 시작했다. 깡마른 몸을 보이기 싫어서 그러는 척했지만, 사실은 아무도 의식하지 않고 마음껏 떨고 싶었던 것이다.

홍당무는 입고 있던 옷을 하나하나 벗어 줄 위에 차곡차곡 챙겨 놓았다. 구두끈도 풀었다가는 다시 매고, 풀었다가는 다시 매고 하면서 좀처럼 벗지 않았다.

결국 한참 만에야 수영복을 입을 수 있었다. 먼저 짧은 셔츠를 벗었다. 그러나 봉지 속에서 진득진득해진 사과나 과자처럼 온몸이 땀에 젖었으므로 잠시 동안 기다렸다.

펠릭스 형은 벌써 강물 속에 뛰어들어 신나게 헤엄을 치고 있었다. 팔을 휘저어 물을 멀리 튀기기도 하고 팔꿈치로 쳐서 물보라를 일으키기도 했다. 그러다가 강물 한가운데 우뚝 서서 굽이치는 파도를 강가 쪽으로 몰아오기도 했다.

"홍당무, 너는 벌써 포기했니?"

르픽 씨가 물었다.

"아니에요, 몸을 말리고 있어요."

홍당무가 얼른 대답했다.

얼마 후, 홍당무는 결심을 하고 강가에 앉아 엄지발가락을 물에 넣어 보았다. 그 엄지발가락은 구두가 너무 작아서 찌그러져 있었다. 홍당무는 배를 슬슬 쓰다듬어 보았다. 볼록한 배는 아직도 먹은 것이 내려가지 않은 듯싶었다.

이윽고 홍당무는 나무 뿌리를 따라 몸을 천천히 아래로 미끄러뜨렸다. 종아리와 허벅지, 엉덩이가 나무 뿌리에 긁혔다. 배까지 물이 차자 얼른 강가로 올라와서 도망치려고 했다. 마치 젖은 끈이 팽이에 감기듯 강물이 몸에 감기는 것 같은 기분이었다.

그런데 그 때 몸을 의지하고 있던 나무가 뽑히며 흙더미가 무너졌다. 그 바람에 홍당무는 물 속으로 미끄러져 들어갔다.

홍당무는 한참 동안 버둥거리다가 가까스로 일어섰다. 기침을 하고 침을 뱉었지만, 숨이 막히고 눈이 흐려지며 머리가 뻐근했다.

"잠수는 잘하는구나."

르픽 씨가 홍당무를 칭찬했다.

"네, 하지만 별로 좋아하지는 않아요. 귓속에 물이 들어간 것 같아요. 머리도 아프고."

홍당무는 헤엄치는 연습을 할 수 있는 장소, 즉 무릎으로 모래 위를 걸으면서 팔을 움직일 수 있는 곳을 찾았다.

"너무 서두르는 것 같구나. 주먹을 쥔 채 휘둘러선 안 돼. 그건 머리카락을 쥐어뜯는 것하고 같다. 손 대신 발을 써라, 발을! 전혀 움직이지 않고 있잖아."

르픽 씨가 주의를 주었다.

"손을 안 쓰고 헤엄치는 건 너무 어려워요!"

홍당무가 대답했다.

그런데, 펠릭스 형이 옆에서 쉴새없이 방해를 놓았다.

"홍당무, 이리 와. 더 깊은 데가 있어. 이것 봐, 발이 닿지 않고 가라앉지? 자세히 보라니까. 내가 보이지? 하지만 곧 안 보이게 될 거야. 자, 이제 저기 버드나무 쪽으로 가 봐. 움직이면 안 돼. 열 번 물장구를 치는 동안에 틀림없이 네 옆으로 갈 테니까."

"알았어."

홍당무가 덜덜 떨면서 가까스로 말했다. 그리고 펠릭스 형이 가리킨 곳으로 가서 어깨를 물 밖으로 내놓은 채 마치 말뚝처럼 꼼짝도 하지 않았다.

홍당무는 헤엄치려고 다시 몸을 굽혔다. 그런데 펠릭스 형이 금방 다가와 어깨에 올라탔다.

"야호!"

펠릭스 형은 홍당무의 어깨 위에서 똑바로 서더니 그대로 강물을 향해 다이빙을 했다.

"이제 네 차례야. 너도 내 등에 올라가."

"난 혼자 연습할 테니까 내버려 둬."

홍당무가 겁에 질린 표정으로 말했다.

"이제 그만! 물 속에서 나오너라. 둘 다 럼주를 한 모금씩 마시렴."

르픽 씨가 큰 소리로 말했다.

"벌써 나가야 하나요?"

홍당무가 아쉬운 듯 물었다.

홍당무는 나가고 싶지 않았다.

'아직 실컷 헤엄도 쳐 보지 못했는데…….'

이제는 물이 무섭지 않았다. 조금 전까지만 해도 납덩어리처럼 물 속으로 가라앉았지만, 지금은 날개가 달린 것처럼 물 속을 돌아다닐 수 있을 것 같았다. 누군가를 구조하기 위해서는 목숨을 내던져도 상관없다는 각오였다.

"빨리 나와! 안 나오면 펠릭스 형이 럼주를 다 마시고 만다!"

르픽 씨가 소리쳤다.

홍당무는 럼주를 좋아하지 않았지만, 이렇게 소리쳤다.

"내 몫은 누구한테도 안 줄래요!"

그리고 곧 물 밖으로 뛰어나가서는 마치 전투병처럼 꿀꺽꿀꺽 럼주를 들이켰다.

르픽 씨 : 너, 잘 씻지 않았구나. 봐라, 아직 복숭아뼈에 때가 그대로 있는데.

홍당무 : 아빠, 이건 진흙이에요.

르픽 씨 : 아니, 틀림없이 때야.

홍당무 : 지금이라도 다시 물에 들어가서 씻고 올까요?

르픽 씨 : 내일 씻어라. 또 올 테니까.

홍당무 : 좋아요! 내일도 날씨가 좋아야 할 텐데.

홍당무는 젖지 않은 수건의 끝 쪽으로 몸을 닦았다. 끝 쪽만은 펠릭스 형이 적시지 않았던 것이다. 피곤해서 머리가 띵하고 목도 아팠지만, 홍당무는 즐겁게 웃어 댔다. 펠릭스 형과 르픽 씨가 홍당무의 구두가 작아서 찌그러진 발가락을 보고 농담을 했기 때문이다.

오 노 린

르픽 부인 : 이제 몇 살이 되었지요, 오노린?

오노린 : 이번 만성절(10월 1일. 하늘나라에 있는 모든 성인을 추모하기 위한 축제일)에 예순 일곱이 되었답니다, 마님.

르픽 부인 : 나이가 많군요.

오노린 : 하지만 괜찮아요. 이렇게 일할 수 있는데요. 이래 봬도 아직 병으로 앓아 누워 본 적은 없습니다. 아마 말도 나처럼 튼튼하지는 못할 거예요.

르픽 부인 : 그렇다면 한 마디만 하겠어요. 오노린, 당신은 틀림없이 갑작스럽게 죽을 거예요. 저녁때 강에서 돌아올 때면 등에 진 바구니가 무거워서 어깨가 무너지는 듯하거나, 손수레가 다른 때보다 무겁게 느껴지는 날이 있을 거예요. 그런 날, 손잡이 앞에 무릎을 꿇고, 젖은 빨래 위에 얼굴을 틀어박고 쓰러질 거예요. 사람들이 곧 달려가서 일으켜 보면 벌써 숨이 끊어져 있겠지요.

오노린 : 불길한 소리는 그만두세요, 마님. 걱정 마세요. 다리며 팔이며 아직 멀쩡하니까요.

르픽 부인 : 허리가 그렇게 굽었는데요? 하긴 등이 굽으면 빨래할 때

는 편할 거예요. 그렇지만 눈이 잘 안 보이는 건 좀 곤란하죠! 그렇지 않다는 말은 못하겠지요, 오노린? 얼마 전부터 눈치채고 있었어요.

오노린 : 천만의 말씀! 갓 시집 왔을 때와 마찬가지로 멀쩡해요. 모든 게 똑똑하게 보인답니다.

르픽 부인 : 좋아요! 그렇다면 찬장을 열고 접시를 한 장 꺼내 와요. 어떤 것이라도 상관 없어요. 봐요, 말끔히 행주질을 했다면 이 얼룩은 어째서 생겼을까요?

오노린 : 찬장에 습기가 차서 그래요.

르픽 부인 : 그럼 이 자국은 뭐죠? 찬장 속에 접시 위를 산책하는 손 가락이라도 있다는 말인가요?

오노린 : 도대체 어디 얼룩이 있다는 겁니까? 내 눈엔 아무것도 안 보이는데요.

르픽 부인 : 그러니 딱하다는 거예요, 오노린. 잘 들어 봐요. 당신이 꾀를 부린다고는 말하지 않겠어요. 그런 말을 했다간 아마 천벌을 받을 거예요. 이 고장에서 당신만큼 열심히 일하는 사람도 없을 테니까요. 하지만 당신은 나이가 너무 많아요. 지나치게 늙었어요. 열심히 일하겠다는 생각만으로는 안 되지요. 때로는 눈에 헝겊이 가려진 것처럼 느껴질 때가 있을 거예요. 아무리 비벼 봤자 헛일이에요. 그 헝겊은 떼어 버릴 수가 없는 거니까요.

오노린 : 나는 언제나 눈을 크게 뜨고 있어요. 그래서 물통 속에 머리를 처박은 것처럼 뿌옇게 보이는 일은 없습니다.

르픽 부인 : 그렇지 않아요, 오노린. 내 말이 틀림없어요. 어제만 해도 당신은 우리 주인 양반에게 더러운 컵을 주었잖아요. 나는 아무 말도 하지 않았어요. 공연히 말썽을 일으켜서 당신을 슬프게 하고 싶지 않았으니까. 우리 주인 양반도 아무 말 안했지요. 그이는 언제나

말이 없지만, 모든 것을 다 알고 있어요. 무관심한 사람같이 보이지만, 천만의 말씀이지요. 주위에서 벌어지는 모든 일들을 가만히 보고 있다가 정확하게 머릿속에 새겨 놓고 있어요. 어제도 손가락으로 그 컵을 밀어 내더니, 아무것도 마시지 않은 채 식사를 끝냈지요. 나는 당신과 그이를 보기가 민망스러웠어요.

오노린 : 주인 어른이 하녀의 체면을 챙겨주시다니, 정말 놀랐습니다! 말씀하셨으면 당장 컵을 바꾸어 드렸을 텐데!

르픽 부인 : 하지만 오노린, 당신보다 훨씬 더한 사람이라도 그이의 입을 열게 하진 못해요. 입을 봉해 두기로 각오한 사람이니까. 나도 이젠 단념했어요. 하지만 지금 이야기하고 있는 건 그런 게 아니에요. 간단하게 말하자면 당신의 눈은 날마다 조금씩 어두워져 가고 있어요. 허드렛일이나 빨래 같으면 몰라도 꼼꼼한 일은 이제 당신에게 맞지 않아요. 돈이 더 들겠지만, 당신을 도울 사람을 하나 구해 보고 싶은데…….

오노린 : 모든 일에 걸리적거리기나 하는 여자와 함께 일할 수는 없습니다, 마님.

르픽 부인 : 내가 말하고 싶은 게 바로 그거예요. 그러면 어떻게 하는 것이 좋을까? 어쩌면 좋겠어요?

오노린 : 죽는 날까지 혼자 훌륭하게 해 나갈 수 있습니다, 마님.

르픽 부인 : 세상에, 죽는 날까지라구요? 그렇게 생각하고 있나요, 오노린? 당신은 우리들의 장례를 치러 주게 될 것이며, 또 그렇게 되기를 바라고 있는 모양인데, 당신이 먼저 죽는다는 건 생각해 보지 않았나요?

오노린 : 행주질을 조금 잘못했다고 해서 설마 나를 내쫓으실 작정은 아니겠지요? 나를 내쫓지 않는 한 결코 댁에서 나가지 않겠어요. 그

리고 일단 쫓겨나면 그대로 길바닥에서 죽을 겁니다.

르픽 부인 : 누가 내쫓는다고 했나요, 오노린? 얼굴이 빨개졌군요. 우리는 지금 의논을 하고 있는 건데, 엉뚱한 말을 하며 이렇게 화를 내다니…….

오노린 : 어떻게 할지 그걸 누가 알겠습니까?

르픽 부인 : 그럼 나보고 어떻게 하라는 말인가요? 당신 눈이 나빠진 건 당신 탓도 내 탓도 아니잖아요. 의사에게 치료를 받으면 고칠 수 있겠지요. 하지만 딱하게 된 것이 당신 쪽인가요, 아니면 내 쪽인가요? 당신은 눈이 불편해도 전혀 상관 없겠지만, 그 때문에 우리 식구는 모두 애를 먹고 있잖아요. 여러 가지로 곤란한 일이 생겨서는 안 되니까, 나는 인정상 이런 말을 하는 거예요. 나에게도 사태를 온당하게 판단하고 이야기할 권리는 있다고 생각했기 때문에…….

오노린 : 그렇다면 좋도록 하세요, 마님. 아까 같아서는 당장 거리로 내쫓긴 듯한 기분이었어요. 하지만 이야기를 듣고 마음을 놓았습니다. 저도 이제부터는 접시 닦을 때 조심하겠습니다. 약속하겠어요. 더 하실 말씀은 없으세요?

르픽 부인 : 그 밖에 할 말은 없어요. 나는 이래 봬도 소문보다는 훨씬 좋은 사람이에요. 오노린, 당신 쪽에서 나가겠다고 하지 않는 한 내보내진 않겠어요.

오노린 : 그럼 이야기는 끝났군요. 나는 아직 얼마든지 일할 수 있어요. 그러니까 만일 마님이 나를 내쫓으신다면, 이럴 수가 있느냐고 큰 소리로 떠들 거예요. 하지만 나 자신이 남에게 짐이 되고, 냄비의 물조차 끓일 수 없게 된 것을 알게 되면 두말 없이 나가겠습니다. 누가 말하지 않더라도 제 발로 나가겠습니다.

르픽 부인 : 그 때가 되어도 잊지 말아요, 오노린. 언제라도 우리 집

을 찾아오면 남은 수프쯤은 나눠 줄 수 있다는 것을 말이에요.

오노린 : 아뇨, 마님, 수프 같은 것은 바라지도 않습니다. 빵만으로도 좋습니다. 마이에트 할멈은 빵밖에 먹을 수 없게 되었는데도 좀처럼 죽을 것 같지 않거든요.

르픽 부인 : 그 할멈을 당신도 알고 있나요? 나이가 아무리 못 되어도 백 살은 된 것 같더군요. 또 이런 것도 알고 있나요, 오노린? 거지가 우리보다 행복하다는 것 말이에요.

오노린 : 아니, 몰랐어요. 하지만 마님 말씀을 듣고 보니 그럴 것 같군요.

냄 비

홍당무에게는 가족에게 도움이 되는 기회가 좀처럼 찾아오지 않았다.

홍당무는 한쪽 구석에 쪼그리고 앉아서 재빨리 그 기회를 잡으려고 기다리고 있었다.

혹시 식구들 사이에 말다툼이라도 벌어지면, 누구의 편도 들지 않고 가만히 귀를 기울이고 있다가 기회가 왔다고 생각하면 곧 뛰어나갈 생각이었다. 그러면 감정이 격해져 있는 사람들 가운데 오직 혼자 냉정을 유지하고 있는 신중한 사람으로서 사건을 처리할 수 있게 되는 것이다.

홍당무는 르픽 부인이 눈치 빠르고 착실한 조수를 바라고 있다는 것을 알고 있었다. 그러나 르픽 부인은 자존심이 강하기 때문에 그런 말을 입 밖에 내지는 않았다. 따라서 계약은 비밀리에 이루어져야 한다. 홍당무는 누구의 칭찬이나 상을 바라지 않고 무조건 일해야만 했다. 그는 이미 그러기로 결심을 하고 있었다.

난로 위에는 아침부터 밤까지 냄비가 하나 올려져 있다. 겨울에는 뜨거운 물이 많이 필요했기 때문에 몇 차례나 이 냄비에 물을 가득 부었다가 펄펄 끓으면 퍼냈다. 따라서 냄비는 언제나 활활 타오르는 불 위에 올려져 있었다.

그러나 여름에는 식사 뒤 설거지를 할 때만 더운 물이 필요했다. 그 밖에는 달리 필요가 없어 그저 끓이기만 했다. 그럴 때 냄비는 끊임없이 나직한 휘파람 같은 소리를 내고, 낡아빠진 냄비 밑에서는 다 꺼져 가는 장작 두 개비가 타고 있었다.

가끔 휘파람 소리가 들리지 않으면 오노린은 몸을 굽히고 귀를 기울였다.

"물이 다 졸았군."

오노린은 그렇게 말하곤 했다. 그리고 냄비에 물통의 물을 가득 부었다. 장작 두 개비를 겹쳐서 재를 휘저을 때도 있었다. 그러면 냄비는 이내 그 기분 좋은 노래를 시작하고, 오노린은 마음을 놓고 다른 볼일을 보러 갔다.

누군가 그런 장면을 보면 이렇게 말할지도 모른다.

"오노린, 필요도 없는 물은 왜 끓이지? 냄비를 내려놓고 불을 꺼 버려요. 장작은 어디서 거저 생기나? 추워도 장작 하나 피우지 못하고 지내는 사람이 많아요. 알뜰하다는 사람이 왜 그래, 오노린?"

그러면 오노린은 분명히 고개를 가로저을 것이다. 그녀는 어린 시절부터 일년 내내 난로 위에 냄비가 올려져 있는 것을 보아 왔을 뿐만 아니라, 펄펄 끓는 물소리를 들어 왔기 때문이다. 그래서 그녀는 비가 오거나 바람이 불거나 햇볕이 쨍쨍 쬐거나 간에 하루도 안 빼고 어김없이 냄비에 물을 끓였다.

이제는 일부러 냄비에 손을 대 보거나 들여다볼 필요도 없었다. 보지 않아도 물이 얼마나 졸았는지 환히 알고 있었다. 냄비에 귀를 기울여서 물 끓는 소리가 들리지 않으면 물통에 물을 부었다.

마치 구슬에 실을 꿰듯 아주 능숙해서, 지금까지 한 번도 실수한 적이 없었다.

그런데 오늘은 처음으로 실수를 저질렀다.

물이 난로 속으로 쏟아져 연기가 무럭무럭 피어올랐다. 그와 함께 구름 같은 재가 마치 훼방을 받아서 화가 난 짐승처럼 오노린에게 덤벼들었다.

깜짝 놀라 뒤로 물러선 오노린은 비명을 지르고 재채기를 하며 침을 뱉었다.

"어이구, 나 죽겠네! 땅 속에서 악마가 튀어나왔나?"

눈이 따끔따끔 아팠지만, 오노린은 시커멓게 더러워진 손을 뻗어 불이 꺼진 난로 속을 더듬거렸다.

"아니, 냄비가 없어졌잖아!"

오노린이 깜짝 놀라 소리쳤다.

"정말 이상한 일이로군. 아까까지는 있었는데. 그렇고말고, 갈대 피리처럼 삐삐 소리를 내고 있었는데……."

조금 전 오노린이 돌아서서 앞치마에 붙은 야채 찌꺼기를 창 밖으로 털고 있는 사이에 누군가가 냄비를 치운 것이 틀림없었다.

'도대체 누굴까?'

오노린은 도무지 알 수가 없었다.

그 때, 르픽 부인이 침착한 얼굴로 나타났다.

"오노린, 무슨 일이에요?"

"무슨 일이냐구요?"

오노린이 큰 소리로 말했다.

"마님, 정말 어처구니없는 일을 당했어요! 하마터면 타 죽을 뻔했지

요. 보세요, 이 슬리퍼며 치마며 손을! 웃저고리는 흙투성이고, 주머니 속에는 숯조각이 몇 개나 들어 있잖아요."

르픽 부인 : 난로에서 더러운 물이 줄줄 흐르고 있군요. 오노린, 당장 깨끗이 치워요.

오노린 : 그런데 누가 내 냄비를 한 마디 말도 없이 가지고 갔을까요? 혹시 마님이 가져가셨나요?

르픽 부인 : 오노린, 그 냄비는 이 집 식구 모두의 것이에요. 따라서 나나 우리 집 양반이나 또 아이들, 누구건 간에 쓸 일이 있으면 가져갈 수 있는 거예요. 그런 걸 일일이 당신한테 물어 보아야 할 필요가 있나요?

오노린 : 나는 지금 무척 화가 나 있어요. 막 욕이 나오려고 해요.

르픽 부인 : 우리한테인가요, 아니면 자기 자신에 대해서인가요? 자, 어느 쪽이죠? 호기심으로 말하는 것이 아니라, 난 그걸 알고 싶은데. 참, 기가 막혀서! 냄비가 없어졌다고 불에다 물통의 물을 붓다니……. 그러고도 자기 잘못은 제쳐놓고 고집을 부리며 다른 사람, 아니 내 탓으로 돌리려 드니, 당신 하는 짓은 너무 한심하군요, 정말!

오노린 : 홍당무 도련님, 내 냄비 어디 있는지 알아요?

르픽 부인 : 그 애가 뭘 알아요? 그 애한테는 책임 없어요. 그리고 당신 냄비라는 말은 그만해요. 그보다도 어제 당신이 한 말을 생각해 보세요. '냄비의 물조차 끓이지 못한다는 것을 알게 되면 누가 뭐라고 말하지 않더라도 스스로 나가겠습니다.' 라고 말했지요? 당신 눈이 나쁘다는 것은 이전부터 알고 있었지만 이토록 형편없는 줄은 미처 몰랐군요. 이 이상 아무 말도 하지 않겠어요, 오노린. 입장을 바꿔 놓고 생각해 봐요. 나 못지않게 당신도 우리 집 사정을 잘 알고 있을 테

니까, 잘 생각해서 결단을 내려요. 아아, 조금도 꺼릴 것 없어요. 울 테면 울어요, 울 만한 일이니까.

시 치 미

"엄마! 오노린!"

홍당무가 르픽 부인과 오노린을 소리쳐 불렀다.

그러나 두 사람은 냉전을 벌이고 있는 중이었으므로, 둘 다 대답이 없었다. 르픽 부인만이 싸늘한 눈으로 바라보았을 뿐이었다. 뭘 어쩌겠다는 것인가, 모든 것을 망쳐 놓지나 않을까 싶었던 것이다. 그 눈과 마주치자 홍당무는 굳게 입을 다물고 말았다.

'그 냄비를 가져간 사람은 나야, 오노린!'

지금 와서 그런 말을 해 보았자 무슨 소용이 있겠는가. 홍당무는 고개를 저었다. 무슨 짓을 해도 오노린을 구할 수는 없었다. 어쨌든 눈이 보이지 않는 것이다. 가엾은 할머니. 오노린이 물러나야 하는 것은 분명한 사실이었다. 지금 홍당무가 잘못을 고백한다 해도 그것은 그녀를 더욱 괴롭힐 뿐이다. 오노린으로서는 그만두고 이 집을 나가는 것이 좋으리라. 그리고 홍당무가 범인이라는 것은 아예 모르는 채, 오직 피할 길 없는 불행을 만났다고 생각하는 것이 오히려 행복할 것이다.

그리고 또 르픽 부인에게 이런 말을 한들 무슨 소용이 있을까.

'엄마, 내가 그랬어요!'

큰 공이라도 세운 듯 자랑스럽게 고백하고는, 칭찬하며 웃는 엄마의 얼굴을 기대해 본들 또 무슨 소용이 있겠는가. 자칫하면 엉뚱한 꼴을 당할 염려가 있다. 르픽 부인은 여러 사람 앞에서 거짓말을 하라고 명령할 것이 뻔하기 때문이다. 그런 짓을 하기보다는 양심의 가책은 되지만 모르는 체하는 편이 훨씬 나았다. 아니, 어머니와 오노린이 냄비 찾는 걸 거드는 척하는 편이 훨씬 더 영리한 일일 것이다.

그래서 잠시 세 사람이 냄비 찾는 일을 할 때 가장 열성적으로 보인 사람은 홍당무였다. 이 구석 저 구석 르픽 부인과 오노린의 손이 미치지 않는 곳까지 샅샅이 뒤졌다. 르픽 부인은 냄비를 찾거나 못 찾거나 아무래도 상관이 없는지 맨 먼저 포기하고 말았다. 오노린 역시 금방 단념하고 혼자 뭐라고 중얼거리면서 어디론가 가 버렸다.

그렇게 되고 보니, 홍당무도 더 이상 애를 쓸 필요가 없었다. 그리하여 양심의 가책 때문에 자칫 화를 불러일으킬 뻔했던 홍당무는 재빨리 자기 껍질 속으로 되돌아갔다. 마치 사용할 필요가 없게 된 정의의 칼날이 칼집 속으로 다시 쑥 들어가듯이.

아 가 트

오노린 대신 들어온 하녀는 아가트였다.

홍당무는 신기한 듯이 이 새로 온 하녀를 유심히 관찰했다. 르픽 씨네 가족의 관심은 2, 3일 동안 홍당무로부터 그 아가씨 쪽으로 옮겨 갈 것 같았다.

"아가트, 방에 들어올 때는 반드시 문을 두드려야 해. 그렇다고 망아지 같은 힘으로 주먹을 휘둘러서 문을 부수라는 말은 아니야."

르픽 부인이 아가트에게 주의를 주었다.

'또 시작이로군. 점심 식사 때가 되면 볼 만하겠지?'

홍당무는 르픽 부인을 보며 생각했다.

마침내 식사 시간이 되었다.

모두들 부엌에 있는 커다란 식탁에서 식사를 했다. 아가트는 팔에 냅킨을 걸고 아궁이에서 찬장으로, 찬장에서 식탁으로 언제라도 달려갈 준비를 하고 있었다. 얌전하게 걷는다는 것은 이 아가씨에게는 아예 어울리지 않는 일이었다. 볼을 빨갛게 물들이고는 헐레벌떡 달리기를 좋아했다.

게다가 말이 너무 빠르고 웃는 소리도 너무 컸다. 무엇을 하건 지나치게 열중하는 것이다.

르픽 씨가 맨 먼저 자리에 앉았다. 냅킨을 펴서 앞에 걸고, 앞에 있는 요리 접시 쪽으로 자기 접시를 내밀어 고기를 덜었다. 그 고기에 소스를 친 다음, 접시를 자기 앞으로 당겼다. 그리고 손수 포도주를 따랐다. 이윽고 그는 어깨를 새우등처럼 굽히고 눈을 내리깐 채 여느 때처럼 조금씩, 무엇을 먹고 있는지 알 수 없게 먹고 있었다.

접시를 다 비운 후에는, 다음 요리가 나올 때까지 몸을 뒤로 젖히고 엉덩이를 조금씩 들썩거렸다.

아이들의 몫은 르픽 부인이 담아 주었다. 우선 펠릭스 형부터 주었다. 뱃속에서 꼬르륵 소리가 났기 때문이다. 다음은 에르네스틴 누나 차례였다. 큰딸이기 때문이다. 마지막으로 홍당무에게 주었다. 홍당무는 식탁 맨 끝에 앉아 있었다.

홍당무는 배가 차지 않아도 더 달라고 조르지 않았다. 마치 더는 못 먹게 되어 있는 것 같았다. 따라서 항상 한 접시로 식사를 끝냈다.

하지만 '좀더 줄까?' 하고 물으면 두 말 하지 않고 더 받았다. 물론 이때까지도 포도주는 마시지 않았다. 다만 좋아하지도 않는 밥으로 배를 채웠다. 집안에서 단 한 사람, 밥을 좋아하는 르픽 부인의 비위를 맞추기 위해서였다.

펠릭스 형과 에르네스틴 누나는 훨씬 더 자유로이 행동할 수 있었다. 먹고 싶은 대로 먹고, 먹고 싶은 것을 먹었다. 그들은 더 먹고 싶으면,

르픽 씨가 하듯이 자기 접시를 요리 접시 쪽으로 가지고 가서 더 담아 왔다. 그래도 아무도 뭐라고 하지 않았다.

'정말 이상한 사람들이네!'

르픽 씨 식구들의 식사하는 모습에 아가트는 고개를 갸우뚱했다. 하지만 르픽 씨 가족들로서는 이상할 것도 없었다. 그냥 오래 전부터 해 온 대로 할 뿐이었다.

아가트는 두 팔을 허리에 얹은 채 하품을 했다.

르픽 씨는 유리 조각이라도 씹듯이 음식을 천천히 먹었다.

르픽 부인도 보통 때는 까치보다도 더 수다스럽지만, 식사 때는 이상할 정도로 말이 없었다. 시킬 일이 있어도 손짓과 표정만으로 신호를 했다.

에르네스틴은 눈길을 천장으로 향한 채 음식을 먹었다.

펠릭스는 손가락으로 빵조각을 주무르고 있었다.

그러나 홍당무는 포도주를 거절했기 때문에 다른 식구들과 식사하는 속도를 맞추느라 애를 썼다. 굶주린 듯이 너무 빨리 접시의 요리를 혓바닥으로 핥은 듯 깨끗이 먹어치워도 안 되겠고, 그렇다고 너무 꾸물거려도 안 되었다. 그래서 홍당무는 식사 때마다 복잡한 시간 계산에 몰두하고 있었다.

갑자기 르픽 씨가 일어서서 물을 가지러 갔다.

"제가 가져올게요……."

아가트가 말했다. 아니, 좀더 정확하게 말하면, 그렇게 말한 것이 아니라 다만 속으로 생각했을 뿐이다. 식사하는 동안 서로 어색한 기분이 되어 제대로 말할 수가 없었던 것이다. 혀가 묵직해져서 입을 열 기운도 없었다. 하지만 그녀는 모든 잘못이 자기한테 있다고 생각했으므로 더욱 조심스러워졌다.

르픽 씨 접시의 빵이 거의 없어졌다. 아가트는 이번에야말로 선수를 빼앗겨서는 안 된다고 생각했다. 그래서 아가트는 열심히 르픽 씨의 행동만 지켜보고 있었다. 그 바람에 다른 가족들에 대해서는 잊어버렸다.

이윽고 르픽 부인이 쌀쌀하게 말했다.

"아가트, 몸에 나뭇가지라도 생긴 거냐?"

그 말에 아가트는 당황하여 얼굴이 빨개졌다.

"네? 마님, 무슨 분부라도 있으신가요?"

그러나 아가트의 시선은 여전히 르픽 씨에게서 떨어지지 않았다. 자신의 눈치가 빠르다는 것을 보임으로써 주인의 환심을 사고자 했다. 즉, 유능한 하녀로 인정받겠다고 온갖 노력을 다하고 있는 것이었다.

드디어 때가 왔다!

르픽 씨는 마지막 남은 빵 한 조각을 먹기 시작했다. '이 때다!' 하고 재빨리 찬장으로 뛰어간 아가트는 3킬로그램이나 되는, 칼로 자르지도 않은 바퀴 모양의 왕관 빵을 가지고 와서 냉큼 내놓았다. 그녀는 주인이 필요로 하는 물건을 미리 챙겼다는 생각에 기뻐서 어쩔 줄을 몰라했다.

하지만 르픽 씨는 냅킨을 접고 식탁에서 일어섰다. 그리고 모자를 쓰더니 담배를 피우러 뜰로 나갔다.

르픽 씨는 한 번 덜어 온 양 이상은 먹지 않는 편이었다.

아가트는 3킬로그램짜리 커다란 바퀴 모양의 빵을 안고 그 자리에 서 있었다. 바퀴 만드는 회사의 선전용 인형과 똑같은 모습으로.

예 정 표

"어때, 놀랐지?"

부엌에서 아가트와 단 둘이 되자 홍당무가 말했다.

"하지만 낙심하면 안 돼, 이런 일은 늘 있는 거니까……. 그런데 병을 여러 개 가지고 어딜 가는 거지?"

"헛간에요, 홍당무 도련님."

홍당무 : 잠깐 기다려. 헛간에는 내가 갈게. 계단이 낡아서 여자들한테는 위험해. 잘못하면 미끄러져 목을 부러뜨리게 될지도 몰라. 하지만 나는 용케 그 계단을 잘 내려가기 때문에, 전부터 헛간 볼일은 내가 다 맡아서 했어. 나는 그 안에서 빨간 딱지와 파란 딱지를 분간할 수도 있거든.

헛간에 있는 헌 술통을 내다 팔면 약간의 돈이 생기지. 토끼 가죽도 마찬가지야. 돈은 엄마한테 맡겨 놓지. 그러니까 우리 잘 짜 놓자, 서로의 일에 방해가 되지 않도록 말이야. 아침에 개집 문을 열고 개에게 먹을 것을 주는 건 내 일이야. 저녁때도 역시 내가 휘파람을 불어서 자러 오게 하고. 한눈을 파느라고 좀처럼 안 돌아올 때는 기다리고 있어야 해.

그리고 닭장 문 닫는 것도 내 일이야. 엄마하고 약속했거든. 가축에게 먹일 풀을 뽑는 일도 내가 해. 풀 종류를 잘 알아야 하고, 또 풀에 묻어 있는 흙은 털어 버리고 그 구멍을 메워 놓아야 하거든.

나는 또 운동삼아 아빠를 도와 장작을 패기도 하지. 아빠가 잡아온 사냥감이 살아 있으면 내가 목을 비틀어. 그러면 너는 에르네스틴 누나와 함께 털을 뽑는 거야.

생선 배를 가르는 것도 내 일이야. 내가 창자를 빼내고 공기 주머니를 발로 밟아서 터뜨려 주면, 너는 비늘을 벗기고 샘에서 물을 길어 와야 해. 실타래를 풀 때도 내가 도와 줄게. 커피도 빻아 주고. 아빠가 더러워진 구두를 벗어 놓으면 복도에 내놓는 일도 내가 해. 하지만 실내화를 가지고 오는 권리는 에르네스틴 누나가 아무에게도 양보하지 않아. 누나가 직접 수를 놓았기 때문이지.

그 밖에 중요한 심부름은 내가 도맡아서 해. 거리가 먼 곳이라든가, 약국이나 의사한테 가는 일도 말이야. 그러니까 너는 마을로 다니며 간단한 물건을 사기만 하면 돼.

하지만 날씨가 어떻든 매일 두세 시간은 강에 가서 빨래를 해야해. 네가 하는 일 중에서 그게 가장 힘들 거야. 그것만은 나로서도 어쩔 수가 없어. 틈이 있으면 가끔 거들어 줄게. 울타리 위에 빨래를 너는 일 같은 것 말이야.

아참, 그렇지. 주의해 둘 게 있는데, 빨래는 절대로 과일나무 위에다 말리면 안 돼. 아빠는 잔소리는 하지 않지만 느닷없이 그것을 땅바닥에 던져 버릴 테니까. 하지만 조금이라도 얼룩이 지면 엄마는 틀림없이 다시 해 오라고 할 거야.

구두 손질도 네가 해야 해. 사냥 구두에는 기름을 많이 발라야 해. 그렇지만 장화에는 구두약을 살짝 바르는 거야. 그렇지 않으면 장화가 상하거든.

진흙으로 더럽혀진 바지는 별로 신경 안 써. 마구 걸어다니시거든. 사냥에 따라가서 잡은 것을 가지러 갈 때 바짓가랑이를 걷어올리면 아빠는 '홍당무, 너는 진짜 사냥꾼은 절대로 못 되겠구나.' 하고 말씀하시지. 하지만 엄마는 '바지를 더럽히기만 해 봐라, 귀가 떨어져 나갈 줄 알아.' 하시거든. 이게 바로 생각의 차이라는 거야. 다시 말해서 모든 걸 너무 심각하게 생각할 필요는 없다는 이야기지.

방학 동안엔 우리 둘이서 일을 나눠 하자. 하지만 누나와 형과 내가 기숙사로 돌아가면 네 일도 줄어들 거야. 말하자면 일의 양은 언제나 똑같다는 뜻이지.

그리고 우리 집엔 그렇게 나쁜 사람은 없어. 내 말을 못 믿겠으면 이웃 사람들한테 물어 봐. 아마 모두들 그렇게 말할걸. 에르네스틴 누나는 천사처럼 상냥하고, 펠릭스 형은 마음이 넓어.

또 아빠는 사리가 분명한 성격이고, 엄마는 보기 드문 요리 전문가야. 나는 가족 가운데 가장 말썽꾸러기야. 하지만 너무 걱정하지 않아도 돼. 어떻게 다룰 것인가 그 요령만 알고 나면 아무것도 아니니까. 게다가 나는 모든 일을 합리적으로 생각하려고 애쓰는 편이야. 나쁜 점은 고치려고 노력하지. 너도 내게 할 말이 있으면 거리낌없이 말해 줘. 바로 고칠 테니까 말이야.

서로 조금씩만 마음을 열면, 우리는 아주 사이좋게 지낼 수 있어. 그리고 이제부터는 '도련님'이라고 부르지 마. 다른 사람들처럼 그냥 '홍당무'라고 불러 줘. '홍당무 도련님'하고 부르는 것보다 간단해서 좋잖아? 하지만 아가트, 오노린 할머니처럼 주책없는 말은 하지 마. 오노린이 그러는 게 난 정말 싫었어.

장 님

지팡이 끝으로 살짝 문을 두드리는 소리가 났다.

르픽 부인 : 저 사람이 또 무슨 볼일이지?
르픽 씨 : 그걸 모르겠나? 여느 때처럼 10수의 돈이 필요한 거겠지. 올 때가 됐잖아. 어서 문이나 열어 줘요.

르픽 부인은 못마땅한 얼굴로 문을 열었다. 그리고 밖에 서 있는 장님의 팔을 잡아 안으로 끌어당겼다. 날씨가 몹시 추웠기 때문이다.

"안녕하십니까? 두 분 다 계시는군요."

장님이 안으로 들어오면서 말했다.

장님은 마치 쥐를 쫓듯이 지팡이로 톡톡 돌바닥 위를 두드리며 조심스럽게 걸어왔다. 그러다가 지팡이 끝이 의자에 부딪치자, 얼른 그 위에 걸터앉았다. 그런 다음, 난로 쪽으로 언 손을 내밀었다.

르픽 씨는 10수짜리 은화를 꺼내어 장님에게 내밀었다.

"받아요!"

그리고 그는 다시는 거들떠보지도 않고 읽던 신문을 계속 읽었다.

홍당무는 여느 때와 마찬가지로 한쪽 구석에 웅크리고 앉아 재미있다는 듯 장님의 나막신을 바라보고 있었다. 나막신에 붙은 눈이 녹아서 벌써 발 언저리에 작은 도랑을 이루고 있었다.

르픽 부인은 그 사실을 눈치챘다.

"할아버지, 그 나막신을 이리 줘 봐요."

르픽 부인이 말했다.

르픽 부인은 나막신을 난로 아래로 가지고 갔다. 그러나 이미 때는 늦었다. 바닥에는 물이 괴어 흥건했다.

갑자기 발 밑이 축축해지니까 장님은 얼떨떨한 모양이었다. 양쪽 발을 번갈아 들어올리며 진흙투성이의 눈을 여기저기 떨어뜨리고 있었다.

홍당무는 손톱으로 바닥을 긁어 더러운 물을 자기 쪽으로 끌었다. 그러나 물은 금이 간 돌바닥 틈새로 스며들었다.

"10수를 받았으면 됐지, 뭘 더 바라는 거지?"

장님이 꼼짝하지 않고 앉아 있자, 들으라는 듯이 르픽 부인이 말했다.

그런데 장님은 눈치없이 정치 이야기를 시작했다. 처음에는 조심스럽게, 그러다가 마음놓고 떠벌렸다. 말이 막히면 지팡이를 휘둘렀다. 그

바람에 난로의 연통에 주먹이 닿아 깜짝 놀라곤 했다. 그러고는 의심스러운 듯이, 눈물이 마른 적이 없는 하얀 눈을 이리저리 굴렸다.

이따금씩 르픽 씨가 신문을 뒤적이며 맞장구를 쳐 주었다.

"그렇겠지요, 티시에 영감. 그럴 거요. 그런데 그게 정말이오?"

"정말이냐구요?"

장님이 억울하다는 듯 펄쩍 뛰었다.

"참 너무하십니다! 그렇다면 들어 보세요, 나리. 내가 장님이 된 사연은 이렇습니다."

"움직이지 않을 작정이구먼."

르픽 부인이 투덜거렸다.

과연 장님은 느긋한 자세로 자기가 당한 재난에 대해 털어놓기 시작했다. 난로 앞에 앉아서 마음껏 두 팔을 뻗어 기지개를 켰으므로, 몸도 마음도 확 풀린 모양이었다. 조금 전까지만 해도 혈관 속에서 얼음 덩어리가 돌아다니는 듯했지만, 이제는 풀려서 옷과 손발이 땀으로 흠뻑 젖어 있었다.

바닥에 질펀하던 물은 이제 홍당무 옆으로 흘러왔다.

홍당무는 신이 났다. 장난을 칠 수 있었기 때문이다.

그러는 동안에 르픽 부인은 교묘한 꾀를 내었다. 장님의 곁을 지나치면서 슬쩍 팔꿈치로 치거나 발등을 밟는 것이었다. 어쩔 수 없이 장님은 조금씩 뒷걸음질치다가, 나중에는 아예 불기가 미치지 않는 찬장과 옷장 사이에 틀어박히고 말았다.

장님은 엉거주춤하게 서서 손으로는 난로를 찾아 더듬는 시늉을 했다. 손가락이 짐승들처럼 바닥을 기어다니고, 굴뚝 청소라도 하듯이 어둠 속을 더듬었다. 그러나 몸은 다시 얼음 덩어리처럼 식어 버렸다.

이윽고 장님은 울먹이는 목소리로 자기의 신세타령을 끝냈다.

"그래서 여러분, 이제 끝났습니다. 바로 눈앞의 것도 볼 수 없게 되었지요. 남은 것이라고는 아궁이 속처럼 캄캄한 어둠뿐이랍니다."

그 때, 지팡이가 장님의 손에서 떨어졌다. 르픽 부인은 바로 그것을 기다리고 있었던 것이다.

얼른 다가가 지팡이를 주워서 장님에게 건네 주었다. 그러나 사실은 돌려준 것이 아니었다.

장님은 지팡이를 잡았지만 받은 것은 아니었다. 르픽 부인은 지팡이의 다른 한쪽 끝을 잡고 교묘한 속임수로 또 장님을 움직이게 했다. 그리하여 나막신을 신게 한 다음, 조금씩 문 쪽으로 끌고 갔다.

현관에 다다르자, 르픽 부인은 장님의 살을 꼬집음으로써 조금이나마 앙갚음을 했다. 그러고는 장님을 거리로 밀어 냈다. 거리는 솜털 같은 회색 구름에 덮여 있었다. 바람이 거리로 쫓겨난 개처럼 울부짖으며 휘몰아쳤다.

르픽 부인은 문을 닫기 전에 마치 귀머거리에게 말하듯이 장님을 향해 이렇게 소리쳤다.

"또 와요, 아까 준 돈 잃어버리지 말구요! 이번 일요일에 날씨가 좋아지고 당신이 아직 살아 있다면 말이에요. 정말 그래요! 당신이 말한 그대로예요, 티시에 영감님. 누가 살고 누가 죽을지 아무도 알 수 없거든요. 누구한테나 고통은 있답니다. 하지만 하느님은 우리 모두를 도와주실 거예요!"

설 날

눈이 내리고 있었다. 설날이 한결 복된 날이 되기 위해선 눈이 내려야 하는 법이다.

르픽 부인은 조심스럽게 안마당 문의 빗장을 걸어 두었다(가난한 집 아이들은 설날에 여러 집을 돌아다니며 인사를 하고 돈이나 과자를 얻는 습관이 있었기 때문이다. 르픽 부인은 그들을 맞아들이고 싶지 않았던 것이다).

벌써 개구쟁이들이 찾아와서 문고리를 흔들고 있었다. 문 아래쪽을 발로 톡톡 치기도 했다. 처음에는 조심조심 두드리더니, 나중에는 화가 났는지 나막신으로 세게 걷어찼다.

그러나 끝내 희망이 없다는 것을 깨닫자, 르픽 부인이 바깥 사정을 살피고 있는 창문 쪽을 올려다보다가 뒷걸음질을 치면서 멀어져 갔다. 잔뜩 화가 난 모습들이었다. 그들의 발소리가 눈 속에 묻혀 사라졌다.

홍당무는 침대에서 뛰어내렸다. 비누도 안 가지고 마당의 여물통으로 세수를 하러 갔다. 그런데 여물통의 물은 꽁꽁 얼어 있었다.

홍당무는 주먹으로 얼음을 힘껏 내리쳤다. 그 한 번의 운동으로 난로의 온기보다도 더 강한 열이 온몸에 퍼졌다. 하지만 정작 세수는 비누도 없이 물로 보이는 곳만 대충 닦는 고양이 세수를 했다.

홍당무는 모두에게 더러운 아이로 낙인 찍혀 있었다. 멋을 부렸을 때도 역시 그런 말을 들었다. 그러니 정성껏 닦을 필요를 느끼지 못하는 것이었다.

홍당무는 명절에 어울리는 상쾌한 기분으로 펠릭스 형의 뒤에 섰다. 펠릭스는 누이동생인 에르네스틴의 뒤에 섰다. 그리고 셋이서 주르르 부엌으로 들어갔다. 르픽 부인도 부엌으로 들어오는 참이었다.

에르네스틴 누나가 르픽 씨와 르픽 부인에게 키스를 하며 인사말을 했다.

"안녕히 주무셨어요, 아빠 엄마? 새해 복 많이 받으세요. 올해도 건강하시기를. 그리고 후세에는 천당에 가시기를……."

펠릭스 형도 에르네스틴 누나와 똑같이 인사말을 하고 키스를 했다.

그런데 홍당무는 모자 안에서 편지를 한 장 꺼냈다. 겉봉에는 주소 대신 '사랑하는 부모님께'라고 씌어 있었다. 그리고 한쪽 모서리에는 빛깔도 산뜻한 귀여운 새 한 마리가 그려져 있었다.

홍당무는 그 편지를 르픽 부인에게 내밀었다.

르픽 부인은 봉투를 뜯었다. 활짝 핀 꽃 그림이 편지를 장식하고 있었다. 편지지 가장자리에는 꽃이 레이스처럼 빙 둘러쳐져 있었다. 그 레이스에 펜이 몇 번 꽂혔는지, 옆의 글자까지 여러 개 망가져 있었다.

르픽 씨 : 그럼 난 아무것도 없니?

홍당무 : 편지는 두 분께 드리는 겁니다. 엄마가 다 읽으시고 나면 아빠한테 넘겨 드릴 거예요.

르픽 씨 : 넌 아빠보다 엄마가 더 좋단 말이냐? 그렇다면 조금 있다가 네 주머니를 뒤져 보렴. 10수짜리 새 돈이 없을걸!

홍당무 : 잠깐만 기다리세요, 아빠. 엄마가 다 읽으셨나 봐요.

르픽 부인 : 문장은 좋은 것 같은데, 글씨가 엉망이라서 도대체 무슨 말인지 모르겠구나.

"여기 있어요, 아빠. 이젠 아빠 차례예요."

홍당무는 편지를 내밀며 황급히 말했다.

르픽 씨가 편지를 읽는 동안 홍당무는 잔뜩 긴장한 채 대답을 기다리고 있었다. 르픽 씨는 편지를 한 번 읽고 다시 연거푸 읽었다. 늘 그러듯이 오랫동안 뒤적뒤적하면서 '흠! 흠!' 하고 고개를 끄덕였다.

잠시 후, 르픽 씨는 편지를 테이블 위에 놓았다.

할 일을 다한 편지는 벌써 아무런 쓸모가 없었다. 이젠 모든 사람의 것이다. 누구나 보고 만지고 마음대로 할 수 있었다. 에르네스틴 누나와 펠릭스 형은 번갈아 편지를 집어 들고는 맞춤법이 틀린 것을 찾아 냈다. 그러거나 말거나 홍당무는 그대로 서 있었다.

"여기서 틀림없이 펜을 바꾸었을 거야. 알아보기가 쉬워졌는데."

"그래도 여긴 다시 엉망인데."

이런 말을 하고 나서 두 사람은 편지를 홍당무에게 되돌려 주었다. 홍당무는 편지를 이리저리 뒤집어 보았다. 그러고는 어색한 웃음을 띠었다.

"또 읽을 사람은 없겠지?"

결국 편지는 다시 모자 속으로 들어갔다.

설날 선물이 나누어졌다. 에르네스틴 누나는 자기 키만한, 아니 키보다 훨씬 더 큰 인형을, 펠릭스 형에게는 전투 준비를 완전히 갖춘 장난감 병정 한 상자를 받았다.

"네게는 깜짝 놀랄 만한 선물이 준비되어 있단다."

르픽 부인이 홍당무에게 말했다.

홍당무 : 아, 역시!

르픽 부인 : 또 그런 말을 하니? 벌써 알고 있다면 보여 줄 필요도 없겠구나.

홍당무 : 아니에요. 그걸 미리 알고 있었다면 벼락을 맞아도 좋아요.

홍당무는 자기 말에 틀림이 없다는 듯이 엄숙한 얼굴로 한쪽 손을 높이 들었다. 르픽 부인은 찬장을 열었다. 홍당무는 숨을 죽였다. 그녀는 어깨까지 찬장 속으로 집어 넣고는 천천히, 사뭇 거드름을 피우면서 노란 종이에 빨간 설탕을 입혀 만든 파이프를 꺼냈다.

홍당무의 얼굴은 다소곳한 기쁨으로 빛났다. 그는 이럴 때 어떻게 해야 하는지 잘 알고 있었다. 부모님의 눈앞에서 한 대 피우는 시늉을 해야 할 것이다. 펠릭스 형과 에르네스틴 누나의 부러움 섞인 눈초리를 받으면서(어차피 사람이란 모든 걸 독차지할 수는 없는 노릇이니까) 빨간 설탕으로 만든 파이프를 두 손가락 사이에 끼워 들었다. 그리고 몸을 뒤로 젖히고는 왼쪽으로 머리를 기울였다. 입을 오므리고 두 뺨이 쏙 들어가도록 힘껏 소리를 내며 빨아들였다.

그러고 나서 홍당무는 하늘까지 닿도록 크게 숨을 내쉬고는 느긋하게 말했다.

"이거 참 좋은데! 연기가 아주 잘 통하는군."

가는 길 오는 길

르픽 씨네 도련님들과 아가씨가 방학이 되어 집으로 돌아왔다.

역마차에서 뛰어내린 홍당무는 저 멀리 부모님의 모습이 보이자 생각했다.

'여기서부터 두 분을 향해 달려가야 할까?'

홍당무는 망설이고 있었다.

'아니, 아직 너무 빨라. 여기서부터 달려가면 숨이 가쁠 거야. 게다가 무슨 일이든 너무 야단스럽게 하면 안 되거든.'

그래서 홍당무는 조금 더 가서 뛰기로 했다.

'여기서부터 달릴까? 아니야, 저기서부터 하자……'

부모님과 차츰 더 가까워질수록 홍당무는 차츰 더 갈등했다.

'모자는 언제 벗으면 될까? 아빠와 엄마, 어느 분에게 먼저 키스해야 할까?'

그런데 펠릭스 형과 에르네스틴 누나가 먼저 달려가서 부모님의 따뜻한 손길을 둘이서 나누어 가지고 말았다.

홍당무가 갔을 때는 벌써 아무것도 잡을 수가 없었다.

"안녕하세요, 아빠? 안녕하세요, 엄마?"

홍당무는 반가운 마음을 겨우 그렇게 나타낼 수밖에 없었다.

"뭐라고? 나이가 몇인데 아직 아버지를 아빠라고 부르니? '아버지'라고 부른 다음 점잖게 악수를 해라."

르픽 부인은 상을 찡그리며 그렇게 말하고는 홍당무의 이마에 키스해 주었다. 꼭 한 번만. 홍당무가 빗나가지 않게 하기 위해서.

어쨌든 홍당무는 방학이 되어 집에 돌아오니 그렇게 좋을 수가 없었다. 너무 좋아서 그만 울어 버리고 말았다. 이건 종종 있는 일이다. 사람이란 좋을 때 반드시 웃는 것만은 아니다.

새 학기가 시작되어 기숙사로 돌아가는 날(10월 2일 월요일 아침이다. 새 학기는 성령 미사로부터 시작된다), 멀리서 역마차의 방울 소리가 들리기 시작했다. 르픽 부인은 아이들한테 달려들어 두 팔로 한꺼번에 꼭 껴안았다. 그런데 홍당무는 그 안에 들어가 있지 않았다.

홍당무는 참을성 있게 자기 차례를 기다리고 있었다. 벌써 한쪽 손은 마차 손잡이 끈을 쥐고는 작별의 인사말도 생각해 두고 있었다.

"그럼 안녕히 계세요, 어머니!"

홍당무는 견딜 수 없이 슬픈 나머지 목이 푹 잠긴 소리로 간신히 인사를 했다.

"아니, 애 좀 봐!"

홍당무의 의젓한 인사말에 르픽 부인은 어처구니없다는 듯이 말했다.

"제법 뭐라도 된 것 같구나. 어머니라니, 형이나 누나처럼 엄마라고 부르기가 거북하니? 아무튼 이상한 아이야. 아직 코흘리개 애송이가 어른 행세를 하려고 하다니!"

그러면서도 르픽 부인은 홍당무의 이마에 키스를 해 주었다. 꼭 한 번만. 홍당무가 빗나가지 않게 하기 위해서.

펜 대

르픽 씨는 펠릭스 형과 홍당무를 상 마르크 기숙사에 집어넣었다.

학생들은 이 기숙사에서 중학교에 다니며 수업을 받았다. 그래서 그들은 하루에 두 번 같은 길을 오갔다. 날씨가 좋을 때는 물론 아주 기분이 상쾌했지만, 비가 올 때라도 학생들은 그 길을 좋아했다. 거리가 가깝기 때문에 힘들지 않을 뿐만 아니라, 일 년 내내 오가다 보니 건강에도 큰 도움이 되었다.

그날 아침에도 학생들은 그 길을 걸어 양 떼들처럼 학교에서 돌아오고 있었다. 홍당무도 그 틈에 낀 채 땅을 보고 천천히 걸었다. 그 때 홍당무의 귀에 이런 말이 들려왔다.

"홍당무, 저기 좀 봐! 너의 아버지셔."

홍당무는 곧 그 말이 거짓이 아니라는 것을 알았다.

르픽 씨는 이런 식으로 아이들을 갑작스럽게 찾아오는 것을 좋아했다. 편지도 하지 않고 찾아오는 것이다. 그래서 펠릭스 형과 홍당무는 생각지도 않은 때에 건너편 길모퉁이에서 뒷짐을 진 채 입에 담배를 물고 서 있는 아버지의 모습을 보게 되었다.

홍당무와 펠릭스 형은 줄에서 빠져 나와 르픽 씨 쪽으로 달려갔다.

"야호!"

홍당무가 소리치며 펠릭스 형의 뒤를 따랐다.

"아빠가 오실 줄은 정말 생각도 못했어요."

홍당무는 반가워서 환하게 웃으며 말했다.

"너는 내 얼굴이 보이지 않으면 전혀 내 생각을 안 하는구나."

르픽 씨가 짐짓 섭섭하다는 듯 말했다.

홍당무는 뭔가 애정이 담긴 대답을 해 보고 싶었다. 그러나 너무 갑작스러운 일이어서 아무것도 생각나지 않았다. 그만큼 르픽 씨의 갑작스런 방문이 반가웠던 것이다.

홍당무는 뒤꿈치를 들고 르픽 씨에게 키스하려고 했다. 홍당무의 입술이 르픽 씨의 수염에 닿았다. 그런데 르픽 씨는 마치 도망이라도 치듯이 머리를 뒤로 홱 젖혀 버렸다. 곧 다시 몸을 굽히기는 했으나, 또 뒷걸음질쳤다. 르픽 씨의 볼을 노리고 있던 홍당무는 콧등을 스쳤을 뿐 허공에다 키스한 꼴이 되고 말았다. 키스를 꼭 해야겠다는 생각은 사라졌다. 이제는 어리둥절해져서 어째서 이런 대접을 받게 됐는지 심각하게 생각해 보았다.

'아빠는 이제 나를 사랑하지 않나 봐. 펠릭스 형한테는 키스를 했잖아. 뒷걸음질도 안 치고. 그런데 왜 나는 피하는 걸까? 나를 빗나가게 하려고? 언제나 그런 면이 보이거든. 석 달이나 떠나 있으면서 못 견디게 아빠와 엄마가 보고 싶었는데. 그래서 강아지처럼 아빠와 엄마의 목에 매달리려고 결심했지. 나도 형이나 누나처럼 사랑스럽게 어루만져 주는 손길을 듬뿍 느끼고 싶어. 그런데 아빠와 엄마는 만나기만 하면 언제나 내 기분을 꺾어 버리고 만단 말야.'

이런 슬픈 생각에 잠겨 있었으므로, 홍당무는 르픽 씨가 그리스 어는 얼마나 배웠느냐고 물었을 때도 제대로 대답을 하지 못했다.

홍당무 : 내용에 따라 달라요. 전 글짓기보다는 해석하는 것을 잘해

요. 해석이라면 대충 짐작으로 알 수 있으니까요.

르픽 씨 : 그럼 독일어는?

홍당무 : 독일어는 발음이 너무 어려워요, 아빠.

르픽 씨 : 이 녀석아, 그럼 전쟁이 벌어지면 어떻게 프로이센 사람한테 이길 수 있겠니? 놈들이 지껄이는 말을 하나도 못 알아들을 텐데.

홍당무 : 아아, 그렇지. 그 때까지는 알게 될 거예요. 아빠는 언제나 전쟁, 전쟁 하고 겁을 주시지만, 전 자신 있어요. 또 모르긴 해도 제가 졸업할 때까지는 전쟁이 일어나지 않을 거예요.

르픽 씨 : 지난번 시험에서는 몇 등이나 했지? 꼴찌는 아니겠지……. 그렇지?

홍당무 : 어차피 꼴찌도 필요해요.

르픽 씨: 이 녀석이! 오늘이 일요일이라면 너희들에게 점심을 사 주고 싶지만, 평일이라서 그냥 가야겠다. 공부를 방해하면 안 되잖니.

홍당무 : 평일이라도 난 별로 할 일이 없는데, 형은 어때?

펠릭스 : 아주 다행스럽게 오늘 아침 선생님이 숙제 내주시는 걸 잊어버렸어.

르픽 씨 : 그렇다면 복습이라도 해야지.

펠릭스 : 벌써 모두 외워 버렸어요. 어제 것과 똑같거든요.

르픽 씨 : 아무튼 오늘은 다른 애들과 같이 기숙사로 돌아가는 것이 좋겠구나. 나는 되도록 일요일까지 여기 있기로 하겠다. 그 때 점심을 사 주마.

펠릭스 형이 뿌루퉁하게 화를 내건 홍당무가 입을 삐죽거리건, 헤어질 시간은 피할 수 없이 다가왔다.

홍당무는 다시 시무룩한 표정을 지었다. 이번에도 르픽 씨가 키스하

는 것을 피한다면, 그것은 틀림없이 홍당무를 싫어한다는 증거이다.

홍당무는 마음을 굳게 먹고 르픽 씨에게 다가섰다. 그리고 입을 위쪽으로 내밀면서 르픽 씨를 쳐다보았다.

그런데 르픽 씨는 또 손으로 가로막아 홍당무를 가까이 오지 못하게 하면서 말했다.

"이 녀석아, 귀에 꽂고 있는 그 펜대로 아빠 눈알을 찔러 버리고 말겠구나. 키스할 때는 어딘가 다른 데로 치울 수 없니? 아빠를 봐라. 벌써 담배를 입에서 뺐잖니."

홍당무 : 아아! 아빠, 죄송해요. 정말 몰랐어요. 이렇게 부주의하게 굴다가는 머지않아 엉뚱한 일이 생길 거예요. 전에도 누가 그런 소리를 하더군요. 하지만 이 펜대는 그야말로 내 귀에 딱 맞기 때문에 끼워 둔 채 깜빡 잊어버리곤 하거든요. 적어도 펜촉은 뽑아 놓았어야 하는데! 아아. 아빠, 전 아주 기뻐요. 아빠가 이 펜대가 겁나서 키스하지 않았다는 것을 알게 되어서…….

르픽 씨 : 이 녀석이! 하마터면 아빠를 애꾸눈으로 만들 뻔했으면서도 웃고 있네.

홍당무 : 아니에요, 아빠. 그게 아니고, 전 다른 일로 웃고 있어요. 제멋대로 바보 같은 생각을 하고 있었거든요.

붉은 뺨

상 마르크 기숙사 사감 선생님은 날마다 점호가 끝나면 학생들의 침실에서 나갔다. 학생들은 모두 상자에라도 들어가듯이 조그맣게 웅크리고는 이불 속으로 들어갔다. 이불 바깥으로 밀려나오지 않게 하기 위해서이다.

방 감독인 비올론은 방을 한 바퀴 빙 둘러보고 모두 잠자리에 들어갔는지 확인했다. 그런 다음, 발끝으로 걸어가 가만히 가스등의 심지를 작게 줄였다. 그러면 곧 이웃끼리의 이야기가 시작되었다. 소곤거리는 소리가 이 베개에서 저 베개로 오가고, 움직이는 입술에서는 뭐라고 말할 수 없는 소리들이 커다란 침실에 가득 찼다. 그 속에서 이따금씩 짤막한 휘파람소리 같은 잡음이 똑똑히 들려왔다.

이 끊임없는 이야기 소리는 마침내 비올론의 신경을 곤두서게 했다. 정말 이러한 잡담은 쥐처럼 모습도 보이지 않고 여기저기 돌아다니면서 방 안의 침묵을 부지런히 갉아먹고 있었다.

비올론은 헌 슬리퍼를 끌고 한참 동안 침대 사이를 걸어다녔다. 여기서는 한 학생의 발을 간지럽혀 보고, 저기서는 딴 학생 나이트 캡의 술을 당겨 보기도 했다. 그러다가 마르소의 곁에 이르자 그는 멈추어 섰다. 마르소와는 매일 밤이 깊어질 때까지 긴 이야기에 열중하여 모두에게 좋은 본보기를 보여 주고 있었던 것이다. 대개의 학생들은 이불로 얼굴을 가리고 차례차례로 이야기 소리를 작게 하다가, 마침내는 뚝 그치고 잠들어 버렸다.

그런데도 방 감독은 언제까지나 팔꿈치를 침대의 쇠막대기에 힘껏 눌러 댄 채, 마르소의 침대에 몸을 굽히고 있었다. 팔이 저리고 피부 위를 따라 손가락까지 흘러가는 근질근질한 느낌 같은 것도 전혀 아랑곳하지 않았다.

비올론은 그 나름대로의 동화를 이야기하며 즐기고, 비밀 이야기나 자기의 어린 시절 이야기 같은 것을 거리낌없이 하여 상대방의 잠을 깨워 버렸다.

비올론은 마르소를 처음부터 좋아했다. 마르소는 얼굴빛이 안쪽으로부터 조명을 받은 것처럼 부드럽고 산뜻한 붉은 빛으로 반짝이고 있었다. 그것은 피부라기보다는 탐스러운 과일 같았다. 그 과일과 같은 피부에 마치 먹지를 댄 지도의 선처럼 가느다란 핏줄이 서로 얽혀 있는 것이 아주 희미한 공기의 변화로도 똑똑히 보였다.

게다가 마르소는 아무 까닭도 없이 갑자기 얼굴을 붉히곤 했는데, 그것이 그렇게 매력적일 수가 없었다. 그래서 그는 친구들로부터 소녀처럼 귀여움을 받고 있었다. 친구 가운데 누군가 손가락 끝으로 마르소의 한쪽 뺨을 눌렀다가 얼른 떼면 하얀 자국이 남았다. 이 자국은 곧 고운 분홍빛으로 물들어서 마치 맑은 물 속에 포도주를 떨어뜨린 것처럼 확 퍼져 아름다운 색깔로 바뀌었다.

장밋빛 콧등에서 보랏빛 귀까지 참으로 미묘한 색조를 나타냈다.

이 실험은 누구나 할 수 있었다. 마르소가 선선히 실험에 응해 주었기 때문이다. 그래서 마르소에게는 '꼬마 전구', '램프' 또는 '붉은 뺨' 등의 별명이 붙었다.

이렇게 마음대로 빨개질 수 있는 능력 덕분에 마르소를 시기하는 사람이 많이 생겼다. 그 중에서도 그와 침대를 나란히 하고 있는 홍당무가 특히 그에게 질투를 느끼고 있었다. 얼굴은 횟가루를 뒤집어쓴 것처럼 허연데다 비쩍 마른 홍당무가 아무리 자기의 얼굴을 아프도록 힘껏 꼬집어 보았댔자 헛수고였다. 그렇게 아름다운 색깔이 나오지 않았던 것이다. 그런 짓을 해서 어쩌자는 것인지! 결코 마르소와 같은 현상은 일어나지 않고, 이상한 짙은 갈색 자국이 생길 뿐이었다. 그것도 언제나 그렇게 되는 것도 아니었다.

홍당무는 가능하다면 마르소의 붉은 뺨에 밉살스러운 손톱 자국이나 잔뜩 내어 마치 오렌지 껍질이라도 벗기듯이 확 벗겨 버리고 싶은 기분이었다.

오래 전부터 계속 마음에 걸렸으므로, 그날 밤 홍당무는 비올론의 말에 귀를 기울였다. 홍당무는 아무래도 비올론이 의심스러웠다. 그가 왜 그렇게 남의 눈치를 보는 듯한 태도를 보이는지 진실을 알고 싶었다.

홍당무는 꼬마 탐정의 솜씨를 유감없이 발휘했다. 건성으로 코를 골며, 의심을 받지 않도록 일부러 몸부림을 치기도 했다. 또 마치 가위에라도 눌린 듯 외마디 소리를 지름으로써 온 방 안의 학생들이 깜짝 놀라 눈을 뜨고 홑이불을 젖히게 만들기도 했다.

이윽고 비올론이 방에서 나가자, 홍당무는 벌떡 몸을 일으켜 숨을 헐떡거리며 마르소에게 이렇게 소리쳤다.

"변태! 변태!"

그러나 마르소는 아무 반응이 없었다.

홍당무는 무릎으로 서서 마르소의 팔을 잡고 힘껏 흔들었다.

"안 들리니, 이 변태야!"

그래도 마르소는 반응을 보이지 않았다.

홍당무는 신경이 곤두서서 또 말했다.

"잘들 노는구나! 내가 못 본 줄 아니? 너, 그 녀석한테 뽀뽀를 하게 했지? 그러니까 넌 그 녀석의 남자 첩이야!"

홍당무는 약이 오른 흰 거위처럼 목을 앞으로 내밀고 두 주먹을 침대 위에 얹어 놓았다. 그래도 마르소는 모른 척했다.

"그래서? 그게 어쨌다는 거야?"

문 쪽에서 그런 소리가 들렸다. 홍당무는 허리를 구부리고 재빨리 이불 속으로 기어들어갔다. 느닷없이 방 감독이 돌아왔던 것이다!

"그게 어쨌다는 거냐고?"

비올론이 당당하게 말했다.

"내가 마르소한테 뽀뽀하면 안 된다는 이유라도 있어? 이봐, 마르소,

너도 분명히 알아 두라구. 나는 나쁜 짓을 한 게 아니야. 내가 네 이마에 뽀뽀를 한 건 순수한 마음에서 한 건데, 홍당무란 녀석은 저 나이에 벌써 불순하기 때문에 모르는 거야. 난 정말 아버지가 아들에게 하는 그런 뽀뽀를 했어. 너를 아들처럼 사랑하기 때문이야. 네가 바란다면 동생 같다고 말해도 좋아. 내일이면 저 바보 같은 녀석이 여기저기 다니면서 어처구니없는 말을 퍼뜨릴지도 모르지만.”

비올론의 목소리가 잔잔하게 사방에 울리고 있는 동안 홍당무는 자는 체하고 있었다. 그러면서도 그 다음 말에 귀를 기울였다.

마르소 역시 숨소리를 죽이고 방 감독의 말을 듣고 있었다. 방 감독이 하는 말이 아주 당연하다고 생각하면서도, 한편으로는 무엇인가 비밀이 탄로날까 봐 겁이 나는 듯 덜덜 떨고 있었다.

비올론은 되도록 목소리를 낮추어서 이야기를 계속했다. 그래서 홍당무에게는 멀리서 들려오는 듯 또렷하지가 않았다.

홍당무는 차마 가까이 갈 용기가 없었다. 그래도 조금씩 허리를 움직이며 다가갔다. 그러나 여전히 잘 들리지 않았다. 마치 귀에 커다란 깔때기를 펼친 것처럼 긴장하여 주의를 기울였지만 아무 소리도 들리지 않았다.

홍당무는 이런 힘든 기분을 전에도 이따금 느꼈던 적이 있음을 기억했다. 그 때는 문 밖에서 엿보느라 한쪽 눈을 열쇠 구멍에 딱 붙여 놓고 있었다. 열쇠 구멍을 좀더 크게 하여, 갈고리 못처럼 보고 싶은 것을 자기 쪽으로 끌어당기고 싶었다.

그건 그렇고, 비올론은 계속 같은 말을 되풀이하고 있는 것 같았다.

“내 마음은 정말 순수해. 그걸 저 바보 꼬마 녀석은 모른단 말이야!”

이윽고 방 감독은 그림자처럼 살며시 마르소의 이마 위에 몸을 굽혀 다시 뽀뽀를 하고, 붓으로 쓰다듬기라도 하듯이 짧은 수염 끝을 이마에 비벼 댔다. 그러고는 몸을 일으켜서 그 자리를 물러났다.

홍당무는 침대 사이를 빠져 나가는 그 모습을 바라보고 있었다. 비올론의 한쪽 손이 어느 학생의 베개에 닿자, 잠이 깬 그 학생은 숨을 길게 쉬면서 돌아누웠다.

홍당무는 오랫동안 동정을 살피고 있었다. 또 별안간 비올론이 되돌아오면 어쩌나 걱정도 되었다.

마르소는 침대 속에서 몸을 웅크리고 있었다. 그는 담요를 눈 위까지 뒤집어쓰고 있었지만, 사실은 자고 있는 것이 아니었다. 그건 전혀 꺼림칙한 짓이 아니다. 걱정할 필요 없다. 이렇게 생각해 보지만, 이상하게 눈만 감으면 비올론의 모습이 생생하게 떠올랐다. 그것은 지금까지 꿈 속에서 그를 흥분시켰던 여자들의 모습처럼 상냥했다.

홍당무는 기다리다 지치고 말았다. 양쪽 눈까풀이 자석이라도 되는 것처럼 딱 달라붙었다. 꺼져 가는 가스등의 불을 가만히 바라보고 있으라고 자기 자신에게 타일렀다. 그러나 가스등의 심지에서 피식피식 소리를 내며 튀어나오는 작은 거품 같은 불빛을 세 개째 세고 나서 이내 잠이 들고 말았다.

다음 날 아침, 모두가 세면실에서 수건 끝을 약간만 찬물에 적셔서 추위에 약한 광대뼈를 살살 닦고 있을 때였다.

홍당무는 심술궂은 눈초리로 마르소를 쳐다보았다. 그리고 잔인한 말투로 또다시 그를 욕하기 시작했다.

"변태야! 이 변태야!"

마르소의 뺨이 대번에 빨개졌다. 그러나 그는 화도 내지 않고, 오히려 애원하는 듯한 눈초리로 말했다.

"네가 생각하고 있는 그런 게 아니라고 말했잖아!"

방 감독이 손 검사를 시작했다. 학생들은 두 줄로 서서 처음에는 손등, 그 다음에는 재빨리 뒤집어서 기계적으로 손바닥을 보였다.

검사를 마치면 곧 호주머니나 바로 옆에 있는 털이불 밑의 미지근한 곳에 손을 집어 넣었다.

오늘따라 비올론은 매우 까다롭게 검사를 했다. 그리고 홍당무의 손이 깨끗하지 않다고 말했다. 한 번 더 수도에 가서 씻고 오라는 말에 홍당무는 버럭 화를 냈다.

사실 홍당무의 손에는 푸르죽죽한 얼룩 같은 것이 묻어 있었다. 그러나 홍당무는 그것이 손이 트기 시작하는 징조라고 우겼다. 틀림없이 그는 미움을 받고 있는 것이다.

비올론은 홍당무를 사감 선생한테 데리고 갔다.

늘 일찍 일어나는 사감 선생은 낡은 녹색 서재에서 상급생에게 가르칠 역사 수업 준비를 하고 있었다.

사감 선생은 테이블 덮개 위를 굵은 손가락 끝으로 꾹꾹 누르며 로마 제국의 몰락, 터키의 콘스탄티노플 점령 등을 정리했다. 언제 시작했는지, 또 언제 끝날지 모르는 일이었다.

사감 선생은 헐렁한 실내복을 입고 있었는데, 수를 놓은 장식 끈이 늠름한 가슴을 휘감고 있어서 마치 둥근 기둥을 졸라맨 밧줄 같은 느낌이 들었다. 과식하는 버릇이 있는 것이 틀림없었다.

얼굴은 살이 쪄서 통통하며 늘 기름기가 번지르르했다. 그는 부인들에게도 큰 소리로 이야기를 했는데, 이야기할 때는 목둘레의 주름이 칼라 위에서 느릿한 율동으로 굽이쳤다. 게다가 둥근 눈과 짙은 콧수염이 우스꽝스러운 인상에 한몫을 했다.

홍당무는 사감 선생 앞에 섰다. 모자는 다리 사이에 끼우고 있었는데, 그것은 행동의 자유를 위해서였다.

사감 선생이 무서운 목소리로 물었다.

"무슨 일이냐?"

"선생님, 방 감독이 제 손이 더럽다고 선생님께 보냈습니다. 하지만 그건 거짓말입니다!"

이렇게 말하고 홍당무는 양심에 맹세한다는 태도로 양손을 뒤집어 보였다. 처음에는 손등, 다음에는 손바닥. 다시 다짐하듯이 먼저 손바닥, 다음은 손등.

"뭐라고! 거짓말이라고? 근신 사흘이다. 알겠나!"

사감 선생이 더 이상 말할 것도 없다는 듯이 말했다.

그렇다고 그냥 물러설 홍당무가 아니었다.

"선생님, 방 감독이 저를 미워하고 있습니다."

"뭐, 미워하고 있다고? 근신 8일이다. 알겠나!"

홍당무는 사감 선생의 사람됨을 알고 있었으므로 조금도 놀라지 않았다. 그 정도면 부드러운 편에 속했다. 홍당무는 어떤 일에도 맞설 결심을 단단히 했다.

홍당무는 꿋꿋한 자세로 두 다리를 딱 붙이고 섰다. 따귀 한 대쯤은 아무것도 아니라는 듯 대담무쌍한 얼굴이었다. 사감 선생에게는 이따금씩 완강하게 반항하는 학생을 손등으로 한 대 후려치는 악의 없는 버릇이 있었기 때문이다.

이 주먹질을 미리 눈치채고 살짝 몸을 구부리면, 사감 선생은 균형을 잃고 비틀거렸다. 그 모습을 보고 학생들은 킥킥 웃었다. 하지만 사감 선생은 노여워하지도 않았고, 또 한 대 더 후려갈기려고도 하지 않았다. 아니, 정확하게 말하자면 '이번에는 내 쪽에서도' 하고 앙갚음을 한다는 것은 그의 위신이 허락하지 않았기 때문이다. 다시 손을 올리게 되면 노렸던 뺨을 똑바로 때려야 할 것 아닌가. 그럴 자신이 없다면 아예 손을 올리지 않는 편이 낫다는 생각이었다.

"선생님! 방 감독과 마르소가 이상한 짓을 하고 있습니다."

홍당무는 정말 대담하고도 의기양양한 태도로 말했다.

그 순간, 사감 선생의 눈이 번쩍 빛났다. 갑자기 날벌레라도 뛰어든 것처럼 눈을 껌벅거리기 시작했다.

사감 선생은 두 주먹을 테이블 끝에 힘껏 눌러 대고는 엉거주춤 일어섰다. 그리고 홍당무의 가슴 한복판에 머리가 부딪힐 만큼 허리를 구부리고 목구멍에서 짜내는 듯한 목소리로 이렇게 물었다.

"무슨 짓을 하고 있다는 말이냐?"

홍당무는 뒤통수라도 얻어맞은 것처럼 당황했다. 앙리 마르탱이 쓴 두툼한 책, 예컨대 그런 종류의 물건이 정통으로 날아올 것으로 생각하고 있었는데, 천만 뜻밖에도 자세하게 그 내용을 물어 왔기 때문이다.

사감 선생은 홍당무를 뚫어지게 바라보며 대답을 기다리고 있었다. 목의 주름살은 한 가닥도 남지 않고 한 군데로 모여서 가죽으로 된 두툼한 고리처럼 하나의 살덩이가 되어 있었다. 그리고 그 위에 머리가 비스듬히 얹혀 있었다.

홍당무는 잠시 망설였다. 적당한 말이 떠오르지 않았기 때문이다. 시간은 가는데 할 말은 없었다. 홍당무는 난처한 표정으로 등을 굽히고, 누가 보아도 부자연스럽고 어색한 모습으로 다리 사이에 낀 모자를 보았다.

홍당무는 다리 사이에서 찌그러진 모자를 꺼낸 다음, 몸을 한껏 움츠렸다. 그리고 말 한 마디 하지 않고 모자를 가만히 턱 밑까지 가져가 천천히 눈에 띄지 않게, 가엾을 만큼 조심스럽게 머리에 썼다. 마치 원숭이 같은 모습으로.

그 날 간단한 조사가 있은 뒤에 비올론은 기숙사에서 쫓겨났다.

비장한 출발 광경이었다. 의식이라고 해도 괜찮을 정도였다.

"다시 돌아오겠다. 좀 쉬는 것뿐이야."

비올론이 말했다.

그러나 아무도 그 말을 믿지 않았다.

그 기숙사는 직원을 자주 갈아치웠다. 곰팡이라도 피지 않을까 걱정하고 있는 것 같았다. 방 감독도 벌써 여러 번 바뀌었다. 비올론도 다른 방 감독과 마찬가지로 밀려난 것이었다.

그런데 우수한 인재일수록 버티는 기간이 짧았다. 그런 점에서 비올론 역시 마찬가지였다. 그는 대부분의 학생들로부터 많은 사랑을 받고 있었다.

'그리스 어 연습장, 이름 ○○○' 이라는 노트 겉면의 표제를 쓰는 솜씨는 그를 따를 사람이 없었다. 그는 아무리 큰 글자라도 간판 글자처럼 멋지게 썼다. 그가 글씨를 쓸 때면 학생들은 걸상을 모두 비운 채 그 책상 주위에 빙 둘러섰다. 녹색 반지를 낀 그의 깨끗한 손은 종이 위를 화사하게 맴돌았다. 페이지 밑에는 기분 내키는 대로 사인을 했다. 이 사인은 잔잔한 물에 돌을 던졌을 때처럼, 규칙적이면서도 거침없는 아름다운 선으로 이루어진 물결과 소용돌이를 만들어 냈다. 이러한 물결과 소용돌이는 꽃무늬 도장이 되기도 하는 멋진 걸작품이었다.

꽃무늬의 꼬리는 구불구불 굽이쳐서 꽃무늬 도장 속으로 사라졌다. 이 꼬리를 찾아 내려면, 바로 그 옆에서 바라보는데도 오랜 시간이 걸렸다. 물론 이것들은 모두 펜을 떼지 않고 단숨에 그리는 것들이었다.

어떤 때 비올론은 선을 복잡하게 이리저리 얽히도록 멋지게 그려 놓고는, 거기에 송진 장식품이라는 이름을 붙였다. 아이들은 오랫동안 감탄하면서 그것을 바라보고 있었다.

그런 그가 쫓겨났으므로 학생들은 무척 슬펐다. 모두들 기회만 있으면 사감 선생에게 항의를 하기로 했다. 즉, 뺨을 불룩하게 하여 입술로 붕붕 벌 떼 나는 소리를 냄으로써 불만을 나타내자는 것이었다. 당장은 못 하더라도 언젠가 꼭 그렇게 하기로 했다.

그러나 지금은 그저 모두가 다 같이 슬퍼할 뿐이었다. 학생들이 섭섭하게 여기고 있는 것을 잘 알고 있는 비올론은 보라는 듯이 일부러 쉬는 시간에 떠났다.

비올론이 트렁크를 짊어진 사환과 함께 운동장에 나타나자, 아이들이 우르르 몰려들었다.

비올론은 그들과 일일이 악수를 하고 모두의 얼굴을 가볍게 어루만지면서 애정을 표현했다. 그리고 모두에게 둘러싸여 이리 밀리고 저리 밀리며 미소 띤 얼굴에 눈물을 글썽이며, 프록코트 자락을 찢기지 않으려고 앞자락을 끌어당기느라 애를 쓰고 있었다.

철봉에 매달려 있던 몇몇 학생은 공중 회전을 도중에서 멈추고 달려오기도 했다. 그들은 땀을 뻘뻘 흘리며 입을 벌린 채 멍하니 서 있었다.

운동장 안을 말없이 걸어다니던 얌전한 아이들은 작별 인사로 손을 흔들었다.

사환은 트렁크가 무거워 몸을 굽히고는 비올론과의 사이를 조금 벌리기 위해 멈추어 섰다. 이것을 보자 잘됐구나 싶은 듯, 아주 작은 학생이 사환의 흰 겉옷에 젖은 모래 속에 처박았던 더러운 다섯 개의 손가락을 갖다 댔다.

마르소의 뺨은 그림 물감으로 칠한 것처럼 장밋빛으로 물들어 있었다. 그는 난생 처음 마음의 괴로움이라는 것을 느끼고 있었다. 그는 방 감독에 대하여 사촌 여동생 정도로 작별의 아쉬움을 느끼고 있는 것을 감출 수가 없었으며, 그렇게 생각하자 가슴이 울렁거려 모두로부터 뚝 떨어져 수줍은 모습으로 서 있었다.

비올론은 그런 마르소 쪽으로 천천히 걸어갔다. 바로 그 때 '와장창!' 하고 유리창 깨지는 소리가 났다.

모든 학생들의 눈길이 소리나는 쪽으로 향했다. 홍당무의 천연덕스러운 얼굴이 나타났다. 그는 얼굴을 찌푸리고 있었다. 울 안에 갇힌 파리한 작은 맹수 같은 느낌이었다. 긴 머리카락이 유난히 눈에 띄었으며, 흰 이빨이 온통 드러나 있었다.

홍당무는 오른손을 삐죽삐죽한 유리창의 깨진 조각 사이로 내밀고는 피투성이가 된 주먹으로 비올론을 위협했다.

"바보 같은 꼬마 자식아! 이제 속이 시원하냐?"

방 감독이 홍당무에게 소리쳤다.

"아니!"

홍당무는 소리를 질렀다. 주먹으로 다시 유리창을 한 장 더 깨면서.

"어째서 그 녀석한테는 뽀뽀를 하면서 나한테는 안 했지?"

그리고는 유리에 벤 손에서 흐르는 피를 얼굴에 문지르며 덧붙였다.

"나도 이렇게 하면 붉은 뺨이 될 수 있단 말이야!"

이

방학을 하자, 펠릭스 형과 홍당무는 상 마르크 기숙사에서 집으로 돌아왔다.

르픽 부인은 두 사람이 집에 들어서는 즉시 발을 씻게 했다. 기숙사에서는 석 달 동안 한 번도 발을 씻지 않았기 때문이다. 기숙사 규칙에는 그런 일을 규정한 항목이 없었다.

"네 발은 보나마나 새까맣겠지, 홍당무?"

르픽 부인이 날카롭게 물었다.

홍당무는 주춤거리며 양말을 벗었다. 과연 르픽 부인의 말대로였다.

홍당무의 발은 언제나 펠릭스 형의 발보다 새까맸다. 왜 그럴까. 홍당무는 그 까닭을 알 수 없었다. 두 사람은 언제나 같은 환경에서 같은 생활을 하고 있는데…… 물론 펠릭스 형의 발도 깨끗한 것은 아니었지만, 홍당무의 발에 비하면 그런 대로 봐 줄 만했다. 그런데 홍당무는 스스로도 시인하듯이, 이미 자기 발인지 아닌지조차도 알아볼 수 없게 되는 것이다.

홍당무는 너무 부끄러워서 요술쟁이처럼 잽싸게 물 속에 발을 집어넣었다. 언제 양말을 벗었는지, 먼저 양동이 바닥을 차지하고 있는 펠릭스 형의 다리 사이로 언제 끼어들었는지 모를 만큼 재빨랐다.

홍당무와 펠릭스 형은 두 발을 서로 문질러 때를 벗겼다. 그러자 얼마 안 가서 땟물이 4개의 발 위로 헝겊 조각처럼 퍼져 갔다.

르픽 씨는 여느 때처럼 방 안을 왔다갔다하고 있었다. 아들들의 성적표를, 특히 교장 선생이 직접 쓴 소견을 몇 번이나 연거푸 읽고 있었다. 펠릭스에 대해서는 '경솔하지만, 머리가 영리해서 좋은 성적을 거둘 것이다.' 라고 되어 있고, 홍당무에 대해서는 '하겠다는 의지만 있으면, 곧 뛰어난 성적을 나타낼 것이다. 다만 하겠다는 의지가 평소에는 나타나지 않는다' 라고 되어 있었다.

홍당무도 언젠가는 뛰어난 성적을 나타낼 수 있을 것이라니, 가족들은 뜻밖인 모양이었다. 그래서 서로 마주 보며 어이없다는 듯 웃었다.

한편, 홍당무는 무릎 위에 팔을 괴고는 물 속에 담근 두 다리를 쭉 뻗어 때가 붇도록 내버려 두고 있었다. 식구들 모두가 자기를 살펴보고 있다는 것을 알고 있었다. 검붉은 머리카락이 너무 길게 자라서 더 추해 보였다.

르픽 씨는 감정을 솔직히 털어놓는 것을 싫어하는 성품이어서, 아들을 오랜만에 만난 기쁨을 장난으로밖에는 표현하지 않았다. 그래서 저쪽으로 갈 때는 홍당무의 귀를 손가락으로 툭 퉁기고, 이쪽으로 돌아올 때는 팔꿈치로 툭 쳤다. 그러자 홍당무는 깔깔 웃었다.

마침내 르픽 씨는 홍당무의 '더벅머리' 속에 손을 쑤셔 넣어 이라도 잡겠다는 듯이 손톱을 탁탁 퉁겼다. 그것은 르픽 씨가 가장 즐기는 장난이었다.

그런데 첫 번째 손톱으로 정말 이를 한 마리 죽였다.

"야아, 신통하게도 들어맞았다. 잡았다, 잡았어!"

르픽 씨가 손가락을 들어 보이며 소리쳤다.

그러나 곧 더러운 생각이 드는지 홍당무의 머리카락에 손을 닦고 있는데, 르픽 부인이 화가 난 듯이 얼굴을 찡그리며 다가왔다.

"내 그럴 줄 알았지."

르픽 부인이 어처구니없다는 얼굴로 말했다.

"아아! 넌 어쩌면 그렇게 머리부터 발끝까지 더러우냐? 에르네스틴, 빨리 대야를 가지고 오너라. 이제 네 일거리가 생겼다."

르픽 부인이 소리치자, 에르네스틴 누나는 대야와 참빗과 접시에 식초를 가득 담아 가지고 왔다.

본격적으로 이 사냥을 시작할 모양이었다.

"내 머리부터 빗겨 줘! 틀림없이 저놈한테서 옮았을 거야."

펠릭스 형이 소리쳤다.

그리고 그는 손가락으로 미친 듯이 머리를 긁어 대면서, 머리를 통째로 담그도록 양동이에 물을 가득 담아다 달라고 보챘다.

"오빠, 좀 조용히 해!"

에르네스틴 누나가 소리쳤다.

그러나 원래 시중들기를 좋아했으므로, 웃으면서 양동이에 물을 퍼 가지고 왔다.

"아프지 않게 해 줄게."

에르네스틴 누나는 펠릭스 형의 목에 타월을 두르고는 어머니처럼 차분한 솜씨와 끈기를 보였다.

한 손으로 머리를 헤치며 다른 한 손으로는 살며시 빗어 갔다. 입을 비쭉거려 비웃거나 이 사냥을 무서워하는 기색도 없이 열심히 이를 찾았다.

"여기, 또 한 마리!"

에르네스틴 누나가 이를 찾아 낼 때마다 펠릭스 형은 양동이 속에서 발을 동동 구르며 홍당무를 주먹으로 툭툭 쳤다.

홍당무는 조용히 자기 차례를 기다리고 있었다.

"끝났어."

에르네스틴 누나가 펠릭스 형의 머리를 치우며 말했다.

"오빠는 일곱 마린가 여덟 마리밖에 없었어. 세어 봐. 홍당무는 얼마나 될지 모르겠네."

에르네스틴 누나는 홍당무의 머리를 끌어당겼다. 그런데 에르네스틴 누나가 빗을 대자마자 홍당무의 머리에서는 마치 기다렸다는 듯이 이가 우수수 떨어져 나왔다.

에르네스틴 누나는 마치 이의 무리를 만난 것처럼 생각했지만, 그것은 이가 우글거리고 있는 곳의 일부를 아무렇게나 빗질한 것에 지나지 않았다.

모두 홍당무를 둘러쌌다. 에르네스틴 누나는 점점 신이 났다. 르픽 씨는 뒷짐을 지고 구경꾼처럼 호기심에 찬 눈으로 보고 있었다. 르픽 부인은 몇 번이나 기가 막히다는 듯이 소리를 질렀다.

"어머나, 어머나! 이러다간 삽과 갈퀴를 가지고 와야겠구나."

펠릭스 형은 몸을 굽히고 대야를 이리저리 흔들면서 떨어지는 이를 받고 있었다.

이는 비듬에 섞여서 떨어졌다. 잘린 속눈썹처럼 가느다란 다리가 꼼지락거리는 것이 똑똑히 보였다. 대야의 물이 흔들리는 데 따라서 이리저리 밀려다니다가 끝내는 식초 때문에 죽어 버렸다.

르픽 부인 : 홍당무, 우리는 네가 무슨 생각으로 이러는지 도무지 모르겠구나. 다 큰 아이가 부끄럽지도 않니? 까마귀 같은 발은 봐 줄 수도 있어. 발이 더럽다고 불편한 건 아니니까. 하지만 이가 물어뜯는데도 선생님한테 부탁해서 잡아 달라고도 하지 않고, 집에 와서도 잡아 달라는 말을 안 하고 있으니 도대체 어쩔 생각이었니? 산 채로 이한테 뜯어먹히는 기분이 어떠냐? 봐라, 더벅머리 속이 온통 피투성이구나.

홍당무 : 빗에 긁혀서 그런 거예요.

르픽 부인 : 어머나, 빗에 긁혔다니! 그게 누나한테 하는 고맙다는 인사말이냐? 들었니, 에르네스틴? 이 어른은 성미가 아주 까다로운 분이구나. 이발사에게 까탈을 부리니 말이다. 에르네스틴, 당장 그만두어라. 저 좋아서 고생하고 있는 아이니까, 이한테 잡아먹히든 말든 내버려 두는 게 좋겠구나.

에르네스틴 : 엄마, 안 그래도 오늘은 그만해야겠어요. 우선 큰 것들은 다 잡았으니 내일 한 번 더 뒤져 보겠어요. 하지만 저는 오데코롱이라도 뿌려야겠어요.

르픽 부인 : 홍당무, 너는 대야를 마당 담 위에 올려놓아라. 온 마을 사람들이 모두 구경하고 나면 너도 부끄러운 줄을 알게 될 테니까.

홍당무는 대야를 들고 밖으로 나갔다. 그것을 햇빛 아래 놓고 지켜보고 있었다. 맨 처음 가까이 온 것은 마리 나네드 할머니였다. 이 할머니는 홍당무를 보기만 하면 언제나 멈춰 서서 근시인 심술궂은 눈으로 뚫어지게 살펴보곤 했다.

"도대체 이게 뭐냐?"

나네드 할머니가 검은 모자를 흔들며 물었다.

홍당무는 대답하지 않았다. 그러자 할머니는 대야 속을 찬찬히 들여다보았다.

"팥이냐? 나는 이젠 눈이 잘 안 보인단다. 우리 아들 피에르가 안경을 사다 주면 좋으련만."

나네드 할머니는 손가락으로 이를 만져 보았다. 맛이라도 보려는 듯이 입으로 가져가기도 했다. 하지만 아무래도 알 수가 없었다.

"그런데 넌 여기서 뭘 하고 있니? 잔뜩 부어 가지고 게슴츠레한 눈으로 말야. 틀림없이 꾸중을 듣고 벌을 서고 있는 게지? 나는 네 할머니는 아니지만 항상 생각은 하고 있단다. 애야, 나는 네가 가엾다. 틀림없이 식구들이 너를 못살게 구는 모양이지?"

홍당무는 재빨리 주위를 둘러보았다. 그리고 르픽 부인이 그 말을 못 들었다는 것을 알자, 안심하고 나네드 할머니에게 말했다.

"그래서 그게 어쨌단 말예요? 할머니와 무슨 상관이 있죠? 할머니는 할머니 일이나 걱정하세요. 내 일은 상관 하지 말구요."

브루투스처럼

르픽 씨 : 홍당무, 지난해에는 아빠가 기대한 만큼 공부를 안 했구나.

성적표에 좀더 노력하면 잘할 수 있을 거라고 씌어 있으니 말이다. 너는 쓸데없이 공상에 잠기거나, 읽어서는 안 되는 책을 읽는 모양인데, 그러면 안 돼. 기억력이 좋아서 시험은 잘 보지만, 숙제는 게을리하고 있어. 홍당무, 앞으로는 뭐든 좀더 열심히 하도록 해라.

홍당무 : 아빠 말씀대로 지난해에는 제가 조금 게으름을 피웠지요. 하지만 올해는 열심히 하려고 마음먹고 있어요. 전과목 다 일등을 장담할 수는 없지만 말예요.

르픽 씨 : 아무튼 열심히 해라.

홍당무 : 너무 큰 기대는 하지 마세요. 지리와 독일어, 그리고 물리와 화학은 가망이 없을 것 같아요. 아주 잘하는 녀석이 두세 명 있거든요. 그 아이들은 다른 과목은 형편없으면서도 그것만은 잘해요. 도저히 앞지를 수가 없어요. 하지만 아빠, 글짓기는 우리 반에서 일등이 될 거예요. 그리고 계속 일등 자리를 놓치지 않을 생각이에요. 만일 노력한 보람 없이 일등이 못 되더라도 나 자신을 나무라진 않을 거예요. 그래도 전 브루투스처럼 자랑스럽게 외칠 수 있어요. '오오, 미덕이여! 너는 한낱 쓸모없는 말에 불과하도다!' 라고 말이에요.

르픽 씨 : 그래, 홍당무. 너는 틀림없이 모두를 휘어잡을 거야.

펠릭스 : 홍당무가 방금 뭐라고 했지?

에르네스틴 : 나는 못 들었어.

르픽 부인 : 나도 못 들었는데. 어디 한 번 더 말해 보렴, 홍당무.

홍당무 : 아무것도 아니에요, 엄마.

르픽 부인 : 뭐라고? 아무것도 아니라고? 하지만 너는 우쭐해서 한참 동안 열을 내어 이야기하지 않았니? 얼굴을 붉히고 주먹을 휘둘러 대며 말이다. 그 목소리가 동구 밖까지 들렸겠다. 그 말을 한 번 더 되풀이해 보렴! 틀림없이 모두를 위한 좋은 말일 테니까.

홍당무 : 그렇지 않아요, 엄마.

르픽 부인 : 천만에. 너는 분명히 누군가의 이름을 말했어. 브……. 그게 누구지?

홍당무 : 엄마는 모르는 사람이에요.

르픽 부인 : 그렇다면 더 듣고 싶구나. 자, 똑똑한 척은 그만하고, 어서 말해 봐라.

홍당무 : 그렇다면 말하겠어요. 아빠와 이야기를 하는데, 아빠가 제게 친절히 충고를 해 주셔서 문득 어떤 생각이 떠올랐어요. 그래서 아빠한테 고맙다는 표시로, 브루투스라는 로마 사람처럼 미덕에 호소해 본 거예요.

르픽 부인 : 뭐냐, 시시하게……. 제발 아까 말한 그대로 한 구절도 빼지 말고 한 번 더 말해 보려무나. 나는 뭐 페루처럼 큰 걸 바라는 것도 아니다. 엄마한테 그 정도는 해 줄 수도 있잖니?

펠릭스 : 내가 말해 볼까, 엄마?

르픽 부인 : 아니다. 홍당무가 먼저 하고 나서 네가 해. 그래야 양쪽을 비교해 볼 수 있지. 자, 홍당무, 빨리 해라.

홍당무 : (울음 섞인 목소리로 머뭇거리면서) 미, 미, 미덕이란 한낱 쓸모없는 말에 불과하도다…….

르픽 부인 : 무슨 말인지 하나도 모르겠다. 못 듣겠어. 엄마를 기쁘게 하기는커녕 얻어맞겠다.

펠릭스 : 저, 엄마. 얘는 이렇게 말했어요(눈을 크게 뜨고 모두에게 도전하는 듯한 시선을 던지면서). 만일 내가 프랑스 어 글짓기로 일등을 차지하지 못하면(볼을 잔뜩 부풀리고 발을 구르면서) 나는 브루투스처럼 외칠 것이다. (두 팔을 높이 쳐들고) 오오, 미덕이여!(들었던 팔을 허벅지 위에 탁 내리며) 너는 한낱 쓸모없는 말에 불과하도다!

이렇게 말이에요.

르픽 부인 : 잘했다, 잘했어. 정말 근사하구나. 홍당무, 축하한다. 하지만 남을 흉내내는 일은 결코 진짜만 못한 것이란다. 그런만큼 난 네가 고집을 부린 게 언짢구나.

펠릭스 : 하지만 홍당무, 그렇게 말한 것이 정말 브루투스였니? 카토가 아니었니?

홍당무 : 틀림없이 브루투스였어. 그렇게 말하고 나서 그는 친구가 내민 칼에 몸을 던져 죽은 거야.

에르네스틴 : 홍당무 말이 맞아. 나도 이제 생각이 난다. 브루투스는 미치광이 흉내도 내고, 지팡이 속에 황금을 숨기기도 했어.

홍당무 : 그게 아냐, 누나. 얘기가 뒤죽박죽이 되잖아. 누나는 내가 말하는 브루투스와 다른 브루투스를 혼동하고 있는 거야.

에르네스틴 : 그랬었나? 하지만 소피 선생님이 하시는 역사 강의는 절대로 너희 중학교 선생님보다 뒤지지 않는다는 것을 알아야 해.

르픽 부인 : 그런 건 아무러면 어떠냐. 싸움은 그만하거라. 중요한 건 우리 집에도 한 사람의 브루투스가 필요하다는 거야. 그런데 마침 여기 있구나. 홍당무 덕분에 모두들 우리를 얼마나 부러워할까! 지금까지는 그런 명예에 대해서는 생각해 보지 않았었는데. 자, 모두들 새로운 브루투스를 존경하도록 해라. 주교님은 라틴 어로 말씀하시지만, 귀가 어두운 사람이 있어도 절대로 두 번 되풀이해서 설교하시진 않는단다. 홍당무, 뒤를 돌아봐라. 아침에 갈아입은 새 옷인데 바지가 찢어져 있구나. 앞에도 얼룩이 지고…… 오오, 하느님, 도대체 저애는 어디 틀어박혀 있다가 왔을까요? 저 브루투스 홍당무의 괴상한 모습을 잘 좀 보세요! 감당할 수 없는 말썽꾸러기예요, 정말!

홍당무가 르픽 씨에게 보낸 편지
〈부록 : 르픽 씨가 홍당무에게 보낸 답장〉

홍당무가 르픽 씨에게
―상 마르크 기숙사에서

아빠,

방학 동안의 고기잡이가 아직도 기억에 생생해요. 얼마나 즐거웠
는지, 그것만 생각하면 내 온몸의 피가 소용돌이치는 것 같아요.

허벅지에 큰 종기가 났습니다. 그래서 지금 전 자리에 누워 있습
니다. 반듯이 누운 채로 간호원이 찜질을 해 줍니다. 종기는 터질
때까지는 아프지만, 일단 터지고 나면 아주 깨끗하게 나아 버리곤
합니다. 그런데 병아리 새끼처럼 그 수가 자꾸 늘어 갑니다. 하나
가 나으면 새 것이 세 개나 생기는 판입니다. 하지만 대수롭지는
않으리라고 생각됩니다.

르픽 씨의 답장

홍당무야,

너는 첫 영성체를 앞두고 교리 문답을 배우고 있으니, 종기로 고
통을 당하는 것은 너뿐만이 아니라는 것을 알고 있을 테지. 예수
그리스도는 두 손과 두 발을 못박혔는데도 아무런 불평도 하지 않
았다. 더구나 그 못은 종기보다 훨씬 강한 것이었다. 기운을 내라!

홍당무가 르픽 씨에게

아빠,

기쁜 소식을 알려 드리겠습니다. 어금니 한 개가 또 났습니다. 나이로 보면 아직 이릅니다만, 이것은 분명히 사랑니입니다. 저는 이것이 한 개만으로 그치지 않기를 바라고 있습니다. 품행을 단정히 하고 열심히 공부하여 늘 아빠를 만족시켜 드리려고 생각하고 있습니다.

르픽 씨의 답장

홍당무야,

네 사랑니가 나오고 있을 바로 그 무렵 내 이가 한 개 흔들리기 시작했다. 그러다가 어제 아침에 드디어 빠지고 말았구나. 네 이가 한 개 새로 나오면 내 이는 한 개 빠진다. 그러니까 가족들 이의 합계는 아무 변화 없이 언제나 같은 셈이다.

홍당무가 르픽 씨에게

아빠,

한번 상상해 보세요. 어제는 라틴 어를 가르치시는 자크 선생님의 생일이었어요. 그래서 학생들은 축하 인사를 전하는 일을 의논했는데, 만장일치로 저를 반 전체의 대표로 뽑았습니다.

너무도 자랑스러워 저는 긴 연설문을 준비했습니다. 라틴 어도 적당히 섞어서 말이에요.

연설문은 제가 보기에도 만족할 만했어요. 저는 그것을 큼직한 양 면 괘지에 깨끗이 적었습니다.

이윽고 그 날, 친구들이 '빨리 해, 빨리!' 하고 재촉하는 바람에, 저는 자크 선생님이 잠깐 다른 데를 보고 있는 틈을 타서 재빨리 교단 쪽으로 나아갔습니다.

그런데 연설문을 펼치고 소리를 높여서 '존경하는 선생님!' 하고 시작한 순간, 자크 선생님이 벌떡 일어나셨어요.

"당장 자리로 돌아가지 못해!"

아빠, 제가 어떻게 자리로 돌아갔는지 상상하실 수 있겠지요? 친구들은 모두 책으로 얼굴을 가리고 있었습니다.

자크 선생님은 화를 내며 제게 명령하셨습니다.

"연습 문제를 번역해 봐."

아빠, 이 일을 어떻게 생각하세요?

르픽 씨의 답장

홍당무야,

네가 장래 국회 의원이라도 된다면, 틀림없이 그런 일을 많이 당할 것이다. 그 사실을 명심하도록 해라.

사람에게는 저마다 제 구실이 있는 법이다. 선생님이 교단에 서는 것은 연설을 하기 위해서이지, 결코 네 연설을 듣기 위해서가 아니란다.

홍당무가 르픽 씨에게

아빠,

이제 막 그 토끼를 지리와 역사를 담당하시는 르그리 선생님께 전해 드렸습니다. 선생님은 그 선물을 받고 매우 기뻐하셨어요. 아빠에게 감사하다는 말을 꼭 전해 달라고 하셨어요.

제가 비에 젖은 우산을 그대로 들고 들어갔더니, 선생님은 얼른 그것을 받아 현관으로 가져가시더군요. 그러고 나서 선생님과 여러 가지 이야기를 했습니다. 선생님은 제가 마음만 먹으면 학년말에는 틀림없이 일등상을 탈 것이라고 말씀하셨습니다.

하지만 아빠, 도저히 이해할 수 없는 일이 있었어요. 선생님과 이야기하는 동안 전 죽 서 있었습니다. 전에도 말했듯이 르그리 선생님은 매우 친절한 분인데, 한번도 제게 의자를 권하지 않습니다. 선생님이 잊으신 것일까요, 아니면 예의를 몰라서 그랬을까요?

저로서는 이해가 되지 않습니다. 아빠의 의견을 꼭 듣고 싶습니다.

르픽 씨의 답장

홍당무야,

너는 언제나 불평만 하고 있구나. 자크 선생님이 제자리로 돌아가랬다고 투덜거리고, 르그리 선생님이 세워 두었다고 또 투덜거리니 말이다.

너는 아직 어리기 때문에 어른 대접을 받기는 힘들어. 그러니까 르그리 선생님이 너한테 의자를 권하지 않았더라도 이러쿵저러쿵해서는 못 쓴다.

아빠가 생각할 때는 아마 네가 작아서 벌써 의자에 앉았으리라 착각하신 것 같다.

홍당무가 르픽 씨에게

아빠,

파리에 가신다고요? 파리는 저도 구경하고 싶은 곳입니다. 아빠와 함께 파리 관광의 즐거움을 누리고 싶습니다. 하지만 이번에는 마음만 따라가겠습니다. 학교 공부 때문에 못 간다는 것을 잘 알고 있습니다.

그런데 이 기회에 부탁드리고 싶은 것이 있습니다. 책을 한두 권 사다 주세요. 지금 갖고 있는 책은 벌써 모두 외워 버리고 말았습니다. 아무 책이라도 좋으니 아빠가 골라 주세요.

사실 책이란 어느 것이나 모두 마찬가지입니다. 하지만 제가 특별히 갖고 싶은 것은 프랑수아 마리 아루에 드 볼테르의 《앙리아드》와 장 자크 루소의 《누벨엘로이즈》입니다.

아빠가 이 책을 사다 주시더라도(파리는 책값이 아주 싸다면서요?) 방 감독이 빼앗거나 하는 일은 없을 것입니다.

르픽 씨의 답장

홍당무야,

네가 편지에 써서 보낸 작가 역시 너나 아빠와 다름없는 인간이란다. 그 사람들이 할 수 있는 일이라면 너 역시 할 수 있을 것이다. 너도 책을 한번 써 보는 게 어떻겠니?

르픽 씨가 홍당무에게

홍당무야,

오늘 아침에 네 편지를 받고 깜짝 놀랐다. 몇 번이나 되풀이해서 읽었지만, 뭐가 뭔지 도무지 알 수가 없구나. 우선 문장도 여느 때와 다르고 내용도 괴상망측해서 너나 아빠와는 전혀 관계가 없는 것처럼 생각된다.

너는 언제나 온갖 일들을 가족들에게 자세히 알려 주었지. 성적이라든가, 선생님 한 사람 한 사람의 장점과 단점, 새로 온 반 친구의 이름, 그리고 속옷 같은 게 이러니저러니, 잠을 잘 잤느니 못 잤느니, 식욕이 있느니 없느니 등 많은 것들을 써 보내곤 했다. 아빠가 알고 싶은 것은 그런 일이다. 그런데 오늘 편지는 도무지 알 수가 없구나.

도대체 왜 이 한겨울에 봄 이야기를 쓴 거냐? 무슨 특별한 뜻이라도 있니? 목도리라도 필요하다는 말이냐? 날짜도 없고, 내게 부친 것인지, 아니면 개한테 보낸 것인지 그것도 알 수가 없구나. 글씨체도 어쩐지 여느 때와는 다르고, 행수라든가 그 많은 대문자 등. 나로서는 그저 어리둥절할 뿐이다.

요컨대 너는 누군가를 놀릴 작정인 것 같구나. 그러나 놀림을 받는 것은 너 자신이 아닐까? 나는 너를 크게 나무랄 생각은 없다. 다만 주의를 시킬 뿐이다.

홍당무의 답장

아빠,

지난번의 편지에 대해서 먼저 한 말씀 드리겠습니다. 알아차리지 못하신 것 같은데, 그것은 '시' 입니다.

헛 간

르픽 씨네 헛간은 그 동안 닭이나 토끼나 돼지가 번갈아 가며 살아왔다. 그런데 지금은 텅 비어 있어, 여름 방학 동안은 홍당무가 전적으로 소유권을 쥐고 있다.

홍당무는 쉽게 그 안으로 들어갔다. 헛간에는 이제 문이 없기 때문이었다. 대신 가느다란 오르티 풀이 우거져서 입구를 가로막고 있었으므로, 홍당무가 엎드리면 꼭 숲같이 보인다.

잔잔한 먼지가 바닥을 덮고, 벽의 돌들은 습기로 번들번들 빛나고 있었다. 천장은 홍당무가 일어서면 머리카락이 닿을 정도였다. 그래도 홍당무는 거기 있으면 참으로 마음이 편했다. 귀찮은 장난감 같은 것은 거들떠보지도 않고 공상의 날개를 마음껏 펼쳤다.

홍당무가 가장 즐기는 놀이는 헛간 네 귀퉁이에 엉덩이로 둥지를 파는 일이었다. 흙손 대신 손으로 먼지를 긁어모아 그것으로 둥지와 엉덩이 사이의 빈 곳을 메워 둥지 속에 옴폭 들어앉는 것이었다. 그러면 몸이 아주 작게 접어졌다. 정말 이보다 더 자리를 작게 잡는 방법은 없을 것이다.

미끈미끈한 벽에 등을 기대고 다리를 오그린 채 손으로 무릎을 끌어안고 둥지 위에 앉아 있으면 참으로 아늑했다. 세상일이 다 잊혀지는 기분이었다. 세상 같은 것은 두렵지 않았다. 가끔 '우르릉 번쩍' 하며 내리치는 천둥 번개 외에는 그의 마음을 흔들어 놓을 것이 없었다.

어떤 때는 그릇 씻은 물이 바로 옆 수채 구멍으로 폭포처럼 쏴아쏴아 흘러내리고, 어떤 때는 손 씻은 물이 졸졸 흘러갔다. 그런 때 홍당무는 시원함을 느꼈다.

그런데 느닷없이 경보가 울렸다. 누군가의 목소리가 들려온 것이다.

홍당무를 찾는 모양이었다. 부르는 소리가 점점 가까워졌다.

"홍당무야, 어디 있니? 어디 있어?"

누군가의 머리가 기웃거리며 나타났다. 홍당무는 작은 공처럼 몸을 더욱 웅크리고 땅바닥과 벽 사이로 틀어박혔다. 가만히 숨을 죽이고 입을 벌린 채, 시선조차 움직이지 않는 상태였다. 두 개의 눈이 어둠 속을 살피고 있는 것이 느껴졌다.

"홍당무, 거기 있니?"

홍당무는 겁이 나서 관자놀이가 벌떡거렸다. 하마터면 나지막한 고함 소리가 터져 나올 뻔했다.

"여기도 없구나. 그 말썽꾸러기가 대체 어디 갔을까?"

목소리의 주인공이 머리를 들어올리며 중얼거렸다. 이윽고 그는 멀어져 갔다. 홍당무는 비로소 긴장이 풀렸다. 그와 동시에 몸도 편한 자세로 돌아갔다.

홍당무는 다시 공상의 세계로 빠져 들어갔다. 그 때 천장에서 푸드덕거리는 소리가 들려왔다. 날벌레 한 마리가 거미줄에 걸린 것이었다.

먹이가 걸려들자, 거미는 줄을 따라 미끄러지듯이 내려오고 있었다. 거미의 배는 빵 속처럼 하얗다. 잠깐 동안 거미는 불안한 듯이 몸을 웅크린 채 매달려 있었다.

홍당무는 엉덩이를 살짝 들고 거미의 동정을 살피며, 이제나저제나 하고 마지막 장면을 기다리고 있었다. 거미가 날벌레를 잡는 광경을 지켜볼 생각이었다.

이윽고 그 거미가 날벌레에게 덤벼들었다. 거미는 별 모양의 다리를 오므려서 먹이를 죄기 시작했다. 홍당무는 정신없이 벌떡 일어섰다. 마치 자기 몫을 내놓으라는 듯이.

그러나 아무 일도 없었다. 거미는 다시 위로 되돌아갔다. 홍당무도 다

시 제자리에 앉아서 공상의 세계로 되돌아갔다. 토끼의 마음 같은 어렴풋한 영혼 속으로.

잠시 후, 모래를 품어서 무거워진 한 줄기 냇물처럼 그칠 줄 모르는 홍당무의 공상은 경사진 곳이 없어지자 물웅덩이를 이루면서 괴었다.

고 양 이

홍당무는 언젠가 이런 이야기를 들은 적이 있다. 가재를 잡는 데는 고양이 고기만큼 좋은 것이 없다. 닭의 내장보다도, 소나 돼지의 고기보다도 훨씬 좋다고.

홍당무는 고양이를 한 마리 알고 있었다. 늙고 병들어 골골하며 여기저기 털이 숭숭 빠져 아무도 상대를 하지 않는 고양이였다.

홍당무는 우유를 한 잔 대접하겠다고, 그 고양이를 자기 헛간으로 초대했다. 헛간에는 아무도 오지 않기 때문에 주인과 손님 단 둘이 있을 수 있었다. 혹시 쥐가 한 마리쯤 위험을 무릅쓰고 벽 밖으로 나올지도 모른다. 하지만 홍당무는 우유 한 잔밖에는 내놓지 않을 작정이었다.

홍당무는 우유잔을 헛간 구석에 놓고 고양이를 그 쪽으로 떠다밀며 말했다.

"자, 실컷 먹어라!"

그리고 등을 쓸어 주면서 여러 가지 다정스러운 이름으로 불러 주기도 했다.

고양이는 혓바닥을 재빠르게 움직이며 우유를 먹기 시작했다.

그 모습을 보고 있으니, 홍당무는 어쩐지 고양이가 측은한 생각이 들었다.

"쯧쯧……. 가엾은 녀석, 얼마 남지 않은 목숨이지만 살아 있을 때 실컷 즐겨라."

고양이는 우유잔을 바닥까지 깨끗이 핥고는 가장자리까지도 말끔하게 싹싹 핥았다. 그러고는 달콤한 입술을 혀끝으로 샅샅이 쪽쪽 빨았다.

"벌써 다 먹었니? 배가 부르니?"

홍당무는 연거푸 물으며 고양이의 등을 쓰다듬어 주었다.

"아마 한 잔 더 먹고 싶겠지. 하지만 이것밖에는 못 가지고 왔어…….
어차피 조금 빠르거나 늦는 차이일 뿐이야!"

그렇게 말하며 홍당무는 고양이의 이마를 향해 엽총을 겨누고 방아쇠를 당겼다.

그 총소리에 홍당무 자신도 아찔해졌다. 헛간마저 날아간 듯싶었다.

연기가 사라진 뒤 자세히 보니, 고양이가 한쪽 눈으로 그를 쏘아보고 있었다. 머리의 절반은 어디론가 날아가고 없었다. 그 머리에서 쏟아지는 피가 우유잔 속으로 흘러들어가고 있었다.

"죽지 않은 모양이구나! 제기랄, 정확하게 겨누었는데."

홍당무는 고양이를 보며 중얼거렸다.

홍당무는 꼼짝도 할 수가 없었다. 노랗게 빛나고 있는 고양이의 한쪽 눈이 불안했던 것이다.

다음 순간, 고양이는 몸을 부르르 떨면서 아직도 살아 있다는 것을 보여 주었다. 그러나 달아나려고는 하지 않았다. 피는 한 방울도 다른 데로 새지 않고 우유잔 안으로만 흘러들어가고 있었다.

그러나 홍당무도 풋내기는 아니었다. 지금까지 짐승을 수없이 죽였으므로, 고양이 한 마리쯤은 아무것도 아니었다. 들새는 물론이고, 개도 한 마리 죽인 적이 있었다. 장난삼아 한 적도 있고, 다른 사람을 돕느라고 같이 한 적도 있었다.

그러므로 홍당무는 짐승을 죽이는 요령은 잘 알고 있었다. 만약 짐승이 좀처럼 죽지 않을 때에는 재빨리 처치해 버려야 한다. 용기를 내어서 거칠게, 필요하다면 맞붙을 위험도 각오해야 했다.

홍당무는 이러한 일들을 잘 알고 있었다. 만약 그렇게 하지 않으면 쓸데없는 동정심이 생겨 일이 잘못될 우려가 있었다. 그러면 겁쟁이가 되어 때를 놓침으로써 제대로 마무리를 못하게 되는 것이다.

홍당무는 우선 조심스럽게 고양이의 몸 여기저기를 건드려 보았다. 그러고는 꼬리를 잡고 총의 개머리판으로 목덜미를 여러 차례 내려쳤다. 내려칠 때마다 마지막 한 대라고 여겨질 만큼 세게 쳤다.

고양이는 죽어가면서 미친 듯이 다리로 허공을 긁었다. 동그랗게 몸을 움츠리는가 하면 다시 쭉 뻗기도 했다. 그러나 결코 소리는 지르지 않았다.

"도대체 누구야, 고양이는 죽을 때 시끄럽게 운다고 자신만만하게 말한 사람이?"

홍당무가 여간해서 죽지 않는 고양이를 보며 중얼거렸다.

홍당무는 몹시 안타까웠다. 시간이 너무 오래 걸렸기 때문이다.

이윽고 홍당무는 엽총을 내던지고 고양이를 끌어안았다. 고양이 발톱에 긁히자, 더욱 흥분해서 이를 악물고 핏줄을 불끈 세우며 가까스로 목을 졸라 죽였다.

마침내 고양이가 죽었다. 홍당무도 숨이 가빠 왔다. 기진맥진하여 비실비실 땅바닥에 털썩 주저앉았다. 고양이와 얼굴을 맞대고, 두 눈으로 고양이의 외눈을 뚫어지게 노려보면서…….

홍당무는 자기 침대에 누워 있었다.

르픽 부인과 급한 연락을 받고 달려온 이웃 사람들이 헛간의 낮은 천장 밑에 허리를 구부린 채 홍당무와 고양이 사이에 벌어졌던 그 잔인한 사건의 현장을 살펴보고 있었다.

"어찌 된 일일까요?"

르픽 부인이 말했다.

"글쎄, 자기가 목을 졸라 죽인 고양이를 가슴에 꼭 껴안고 있잖아요. 그걸 억지로 떼내는 데 정말 힘들었어요. 나를 그렇게 힘껏 껴안아 준 적은 한번도 없었는데."

이 기이한 행동은 뒷날 가족들 사이에 이야깃거리로 전해지게 되겠지만, 그 일에 대해 르픽 부인이 이러니저러니 설명하고 있는 동안 홍당무는 꿈을 꾸고 있었다. 르픽 부인의 말소리가 꿈결에 들렸으나, 홍당무의 의식은 한없이 멀리 달아났다.

홍당무는 냇가를 따라 거닐었다. 이런 경우에는 으레 그런 것처럼, 달빛이 갈라진 채 흔들리면서 마치 뜨개질 바늘처럼 서로 얽혔다가 풀어지곤 했다. 가재 잡는 그물 위에 고양이의 살덩이 몇 점이 있는 것이 맑디맑은 물을 통해서 보였다.

목장에는 안개가 자욱했다. 마치 유령이라도 숨어 있는 것처럼 음산한 기운이 퍼지고 있었다.

홍당무는 뒷짐을 진 채 조금도 무섭지 않다는 시늉을 했다.

바로 그 때, 소 한 마리가 홍당무 앞으로 다가와서 우뚝 섰다. 그리고 '음매!' 하고 우는가 싶더니 쏜살같이 달아났다. 하늘 높이 발굽 소리를 울리며 어느 새 자취를 감추었다.

만약 시냇물이 졸졸졸 소리를 내어 신경을 곤두서게 하지 않는다면 얼마나 조용할 것인가. 홍당무는 그 시냇물 소리가 듣기 싫었다. 마치 할머니들 여럿이 모여 수다를 떠는 것 같았다.

홍당무는 시냇물을 후려갈겨서 조용하게 만들려고 그물 막대기를 들어올렸다. 그런데 그 순간, 우거진 갈대밭 사이에서 엄청나게 큰 가재가 여러 마리 나왔다.

가재는 계속 늘어났다. 곧추서서 등짝을 번들거리며 계속 나왔다.

홍당무는 몸이 천근같이 무거워져서 달아날 수도 없었다.

가재들이 홍당무를 에워싸기 시작했다.

가재들은 홍당무의 목을 향해서 몸을 뻗쳐 왔다.

그러면서 재깍재깍 소리를 냈다.

벌써 집게발을 활짝 벌리고 있었다.

양

맨 처음에 홍당무는 어렴풋이 공 같은 것들이 튀고 있다고 생각했다. 그런데 그것들이 갑자기 한꺼번에 뒤섞여서 귀를 찢는 것 같은 외마디 소리를 질렀다. 마치 학교의 실내 체육관에서 놀고 있는 아이들 같기도 했다.

그러다가 공 하나가 홍당무의 다리 사이로 뛰어들었다. 홍당무는 어쩐지 가슴이 섬뜩했다. 그 때 또 하나가 천장의 창을 통해 들어오는 햇빛 속으로 튀어올랐다. 홍당무는 다시 가슴이 섬뜩했다.

또 하나가 뛰어들었다. 자세히 보니 새끼양이었다. 홍당무는 겁을 집어먹었던 것이 우스워서 빙그레 웃었다. 눈이 차츰 어둠에 익숙해지자, 구석구석까지 분명하게 보였다.

그러고 보니 양이 새끼를 치는 시기가 시작된 것이다. 농사꾼인 파졸의 말에 의하면, 아침마다 헤아려 보면 양이 두서너 마리씩 늘어나 있다는 것이다.

어미양들 틈에서 어슬렁거리고 있는 갓난 새끼양이 눈에 띄었다. 작달막하고 못생긴 그놈은 네 다리로 힘껏 버티고는 바들바들 떨고 있었다. 그 다리 모양은 마치 아무렇게나 깎아 세운 네 개의 나무 막대기 같았다.

홍당무는 선뜻 쓰다듬어 줄 용기가 나지 않았다. 새끼양들은 훨씬 대담하게 벌써 홍당무의 구두를 핥기도 하고, 입에 풀을 한 입 물고 앞발을 그에게 걸치기도 했다.

태어난 지 일주일쯤 된 녀석들은 어느 새 꾀가 생겨 엉덩이에 잔뜩 힘을 주어 몸을 쭉 뻗고는 허공에 떠서 지그재그를 그렸다. 그러나 하루밖에 안 된 녀석들은 몹시 여위고 앙상한 무릎을 꿇고 주저앉았다가 다시 벌떡 일어나곤 했다. 갓 태어난 새끼들은 아예 땅바닥을 기고 있었다. 녀석들은 아직 어미가 핥아 주지 않아서 몸이 번지르르했다.

어미양은 물에 부풀어 대롱거리는 태주머니가 귀찮아서 머리로 새끼를 밀어제쳤다.

"인정머리 없는 어미로군요."

홍당무가 말했다.

"짐승이나 사람이나 인정머리 없는 것들이 있게 마련이지."

파졸이 말했다.

"이건 틀림없이 유모에게라도 맡기고 싶은 모양이에요."

"그럴지도 몰라. 고무로 된 젖꼭지로 길러야 할 새끼가 많이 있어. 약방에서 팔고 있는 그 젖꼭지 말이야. 하지만 그리 오래 가지는 않아. 어미가 서서히 정을 느끼거든. 게다가 새끼들이 어미한테 젖을 달라고 보채니까."

파졸이 말했다.

파졸은 어미양의 어깨를 붙들어 우리 안으로 넣었다. 우리에서 달아나면 알아볼 수 있게 양의 목에 짚으로 목걸이를 매어 두었다. 곧 새끼양이 뒤따라왔다. 그러나 어미양은 모르는 체하고 강판에 가는 듯한 소리를 내며 풀을 먹고 있었다. 새끼양은 덜덜 떨면서 약하고 여린 다리로 버티고 서서 젖을 빨려고 했다. 코에는 처량하게 젤리 같은 것이 덜렁덜렁 매달려 있었다.

"저런 어미가 정이라는 게 생길까요?"

홍당무가 물었다.

"물론이지, 엉덩이가 다 나으면. 새끼를 낳을 때 너무 힘들었거든."

파졸이 말했다.

"그럼 잠시 동안이라도 다른 어미양한테 새끼를 맡기면 어떨까요?"

홍당무가 말했다.

"제 새끼가 아니면 받아들이려고 하지 않아."

파졸이 고개를 저으며 말했다.

그 때 헛간 구석구석에서 어미양들이 새끼양들을 부르며 울어 댔다. 젖 줄 시간이 되었던 것이다.

홍당무의 귀에는 어느 것이나 똑같이 들리는데, 새끼양들에게는 저마다 다르게 들리는 모양이었다. 모두 실수 없이 제 어미 젖꼭지를 향해 똑바로 나아갔다.

"여기서는 적어도 새끼가 유괴를 당하는 일은 없단다."

파졸이 말했다.

"저렇게 양털로 뭉쳐진 것 같은 녀석들한테도 가족을 알아보는 본능이 있다니, 정말 신기하군요. 그런데 어떻게 서로를 알아보는 것일까? 틀림없이 코로 냄새를 맡는 거겠지."

홍당무가 말했다.

홍당무는 시험삼아 어느 한 마리의 코를 막아 보고 싶어졌다.

그러다가 홍당무는 문득 양들에게도 이름이 있는지 궁금했다.

새끼양들이 열심히 젖을 빨아먹고 있는 동안, 어미들은 옆구리를 쿡 쿡 코로 찔리면서도 한가롭게 풀을 먹고 있었다.

홍당무는 여물통의 물 속에서 쇠사슬 조각이며 수레바퀴의 테며 닳아 빠진 삽 같은 것을 발견했다.

"아니, 여물통 속에 이런 게 들어 있다니! 쇠붙이를 넣어서 양이 피 흘리는 모습을 보고 싶은 건가."

홍당무가 제법 어른스럽게 말했다.

"맞았어!"

파졸이 아무렇지도 않게 말했다.

"하지만 그런 게 있으면 물에 훨씬 더 영양가가 많아지거든. 너도 한 번 마셔 볼지 않을래?"

그러면서 파졸은 닥치는 대로 여물통에 던져 넣었다.

"진드기 한 마리 줄까?"

파졸이 물었다.

"기꺼이 받겠어요. 고마워요."

홍당무는 영문도 모르고 대답했다.

파졸은 어미양의 푹신푹신한 털 속을 헤쳐서 노랗고 둥글둥글하게 살 찐, 피를 잔뜩 빨아먹은 진드기 한 마리를 손톱 끝으로 톡 잡아 냈다.

"이만한 크기의 진드기 두 마리만 있으면 어린아이 머리쯤은 자두 먹 듯 갉아먹어 버릴걸."

그러면서 파졸은 진드기를 홍당무의 손바닥에 놓아 주었다.

"울적한 마음을 달래고 싶을 때나 심심할 때는 이걸로 장난을 쳐 봐. 형이나 누나의 목이나 머리카락 속에 넣으면 정말 재미있을걸."

벌써 진드기는 꿈틀거리며 홍당무의 살을 물기 시작했다. 홍당무는 손가락에 싸라기눈이라도 내리는 것처럼 따끔따끔한 아픔을 느꼈다. 그 느낌은 손목에서 팔꿈치, 그리고 곧 어깨에까지 옮아갔다. 마치 진드기

의 수가 늘어나 점점 팔에서 어깨 쪽으로 기어올라가는 것 같았다.

더 이상 참을 수 없었다. 홍당무는 진드기를 손가락으로 힘껏 눌러서 죽여 버렸다. 손에 금방 시커먼 피가 묻어났다. 홍당무는 그 손을 어미 양의 등에 문질러 닦았다. 파졸이 눈치채지 않도록 살며시.

'잃어버렸다고 말하면 그만이지 뭐.'

홍당무는 그런 생각을 하며 다시 양들을 지켜보았다. 양들은 차츰 조용해지고 있었다. 이제 곧 천천히 놀리는 턱 사이로 풀을 씹는 둔한 소리밖에는 들리지 않을 것이다.

시렁에 걸려 있는 빛이 바랜 농사꾼 파졸의 외투가 홀로 양을 망보고 있는 것처럼 보였다.

대 부

르픽 부인은 가끔 홍당무가 대부를 만나러 가는 것, 그리고 자고 오는 것까지도 허락해 주었다.

홍당무의 대부는 다른 사람들이 쉽사리 가까이하지 못할 정도로 성미가 까다로운 사람으로, 낚시를 하거나 포도밭을 손질하면서 외로운 나날을 보내고 있었다.

그는 아무도 사랑하지 않았다. 그런데 홍당무만은 매우 귀여워했다.

"왔구나, 이 개구쟁이!"

대부가 홍당무를 보고 반갑다는 듯 소리쳤다.

"네, 아저씨. 제 낚싯대도 준비해 두셨어요?"

키스도 하지 않고 홍당무가 말했다.

"둘이서 하나만 있으면 돼."

대부가 말했다.

홍당무는 얼른 헛간문을 열어 보았다. 그 곳에는 홍당무의 낚싯대도 준비되어 있었다.

이렇게 대부는 늘 홍당무를 놀린다. 하지만 홍당무는 그것을 알고 있기 때문에 절대로 화를 내지 않았다. 또 그런 일로 두 사람 사이가 멀어진 적도 없었다.

대부가 '예스'라고 할 때는 '노'라는 뜻이며, '노'라고 할 때는 '예스'인 것이다. 그것만 알고 있으면 되었다.

'아저씨가 이런 걸로 재미를 삼고 있다면, 나는 아무래도 괜찮아.'

홍당무는 그렇게 생각하고 있었다.

그래서 두 사람은 늘 사이 좋게 지냈다.

대부는 언제나 일주일 분의 식사를 한꺼번에 만들어 두는 습관이 있었다. 그 날은 홍당무를 위해서 완두콩을 큰 라드 덩어리와 함께 넣어 커다란 냄비에다 끓여 주었다. 그리고 일을 시작하기 전에 진한 포도주 한 잔을 홍당무에게 억지로 먹였다.

그런 다음, 두 사람은 낚시를 하러 갔다.

대부는 강가에 앉아서 낚싯줄을 재빠르게 풀어 갔다. 놀랄 만큼 긴 낚싯대의 손잡이는 무거운 돌로 눌러 놓았다.

그는 언제나 큰 고기만 낚아 올렸다. 낚은 물고기는 그늘에 펼쳐 둔 수건으로 갓난아기처럼 감싸 주었다.

"주의할 게 있는데, 낚시찌가 세 번 가라앉기 전에는 낚싯대를 올리면 안 돼."

대부가 홍당무에게 말했다.

홍당무 : 어째서 세 번인가요?

대부 : 맨 처음은 아무것도 아니야. 물고기가 툭툭 쳐 보는 것뿐이지. 두 번째가 진짜야. 먹이를 삼킨 거지. 세 번째는 틀림없어. 도망치려고 해도 꼼짝 못해. 아무리 천천히 끌어당겨도 문제없단 말이야.

홍당무는 낚시 중에서도 망둥이를 잡는 것이 가장 재미있었다. 구두를 벗고 물 속에 들어가 발로 모래바닥을 휘저어서 물을 흐려 놓으면, 바보 같은 망둥이들이 몰려왔다. 홍당무는 낚싯대를 던질 때마다 한 마리씩 낚아 올렸다. 낚아 올리기도 바빠 대부에게 큰 소리로 일일이 알릴 틈도 없을 정도였다.

"열여섯, 열일곱, 열여덟……."

대부는 해가 머리 위에 왔을 때, 점심을 먹으러 돌아가자고 했다.

그는 홍당무에게 흰 완두콩을 배불리 먹였다.

"이렇게 맛있는 건 없어."

대부가 완두콩을 먹으며 말했다.

"하지만 난 삶은 게 더 좋아. 딱딱한 완두콩은 씹으면 마치 자고새 날개 속에 박힌 탄알처럼 이빨에 끼거든. 그런 것을 먹을 바에는 차라리 곡괭이 끝을 깨무는 편이 낫지."

홍당무 : 이건 정말 입 안에서 살살 녹는데요? 엄마가 만들어 주는 것도 괜찮지만, 요즘은 좀 맛이 없어졌어요. 틀림없이 크림을 아껴서 그럴 거예요.

대부 : 네가 잘 먹는 걸 보니 좋구나. 엄마 앞에서는 틀림없이 배부르게 먹지 못할 테지?

홍당무 : 모든 것이 엄마의 식욕에 달렸어요. 엄마가 배고프면 엄마 배가 부를 때까지 먹게 해 줘요. 엄마는 자기 접시에 담을 때, 나한테도 덤으로 주니까요. 그렇지만 엄마가 '이제 그만' 하면 저도 그만 일어서야 해요.

대부 : 더 달라고 말하면 되잖아, 바보같이.

홍당무 : 말하기는 쉽지요. 하지만 아저씨, 언제나 배는 조금 덜 찬 듯한 게 좋은 거예요.

대부 : 나한테 자식은 없지만, 난 원숭이 엉덩이라도 핥아 주겠다. 만약에 그 원숭이가 내 자식이라면 말이야. 이런 기분 알겠냐?

두 사람은 그 날의 일과를 포도밭에서 끝냈다.

홍당무는 대부가 땅을 파는 것을 바라보면서 한 걸음 한 걸음 그 뒤를 따라가기도 하고, 포도덩굴 아래 누워 하늘을 쳐다보며 버드나무의 새 순을 씹기도 했다.

샘터

홍당무는 대부와 함께 잤는데, 잠자리가 편치 않았다. 방은 춥지만(털이불은 대부의 늙은 손발에는 부드럽고 기분이 좋은 듯했으나)홍당무는 곧 땀에 흠뻑 젖었다. 하지만 어쨌든 르픽 부인 곁을 떠나서 잘 수 있게 된 셈이었다.

"엄마가 그렇게 무서우냐?"

대부가 물었다.

홍당무 : 그렇다기보다 엄마한테는 제가 그다지 무섭지 않나 봐요. 펠릭스 형은 엄마가 때리려고 하면 빗자루 손잡이에 올라타고 버티는 거예요. 그러면 엄마는 어쩌지 못하고 그만둘 수밖에 없어요. 그래서 엄마는 형을 정으로 다스리려고 해요. 엄마도 말해요. 홍당무는 때려야 말을 듣지만, 펠릭스는 감수성이 예민하기 때문에 때려서는 안 된다고요.

대부 : 너도 빗자루로 시험해 보았더라면 좋았을 텐데.

홍당무 : 그럴 수만 있다면야 얼마나 좋겠어요! 펠릭스 형과 저는 잘 싸워요. 시도 때도 없이 말이죠. 진짜로 할 때도 있고, 장난으로 할 때도 있지만 말예요. 저는 형하고 맞먹을 만큼 힘이 세요. 그래서 형처럼 맞지 않고 엄마를 막아 낼 수도 있어요. 하지만 제가 엄마를 상대로 빗자루를 들기라도 한다면 엄마는 틀림없이 빗자루를 갖다 주는 것으로 착각할 거예요. 평소에 빗자루는 대부분 제 손에서 엄마 손으로 건네지거든요. 그래서 틀림없이 엄마는 저를 때리기 전에 고맙다고 말할 거예요.

대부 : 자, 이제 그만 자자!

그러나 두 사람 다 쉽게 잠을 이루지 못했다. 홍당무는 이리 뒤척 저리 뒤척했다. 털이불이 짓눌러 숨이 답답했다. 대부는 그것을 측은하게 여겼다.

　　홍당무가 깜박 잠이 들려고 할 때, 대부가 별안간 그의 팔을 잡았다.

"아, 거기 있었구나."

대부는 홍당무를 꽉 끌어안으며 말했다.

"꿈을 꾸었단다. 네가 아직도 샘터에 있는 것으로 생각했지. 너 그 샘터를 기억하니?"

홍당무 : 그럼요, 아주 똑똑하게 기억하고 있어요. 아저씨, 따지는 건 아니지만, 그 이야기는 벌써 여러 번 들었어요.

대부 : 알고 있어. 하지만 애야, 나는 지금도 그 때 일을 생각하면 온 몸에 소름이 돋는단다. 그 때 나는 풀밭에서 자고 있었지. 너는 샘터에서 놀고…… 그러다가 네가 미끄러져 샘물 속으로 빠지고 말았지. 너는 소리를 지르면서 발버둥을 쳤어. 그런데 딱하게도 나는 아무 소리도 듣지 못했단다. 물은 고양이가 빠질 정도도 못 되었는데, 너는 일어서지 못했어. 넌 그 때, 일어설 생각조차 못했었니?

홍당무 : 샘물에 빠져서 무슨 생각을 했는지 그런 걸 어떻게 기억하고 있겠어요?

대부 : 나는 네가 발버둥치는 소리에 겨우 잠이 깼지. 그 때라도 깬 게 얼마나 다행인지…… 조금만 더 늦었더라면 아마 널 살려 내지 못했을 거야. 애야, 가엾게도 너는 펌프처럼 물을 토했단다. 난 얼른 옷을 갈아입혔지. 베르나르의 나들이옷으로 말이야.

홍당무 : 네, 그 옷은 참 따끔따끔했어요. 온몸이 쓰라렸지요. 그건

말털로 만든 옷이었지요?

대부 : 아니야. 하지만 그 때 베르나르는 너한테 빌려 줄 만한 깨끗한 속옷이 없었단다. 지금은 웃으며 이야기할 수 있지만, 1초만 늦었더라도 넌 아마……

홍당무 : 지금쯤 먼 나라에 있겠지요.

대부 : 방정맞은 소리 말아라. 하긴 나도 공연한 말을 했구나. 하지만 그 때부터 나는 하룻밤도 편히 자 본 적이 없단다. 이것이 천벌이겠지. 마땅한 벌이야.

홍당무 : 하지만 아저씨, 전 그런 벌은 받고 싶지 않아요. 졸려서 죽겠거든요.

대부 : 그래, 자라. 잘 자거라.

홍당무 : 제가 잠들기를 바란다면, 아저씨, 이 손 좀 놔 주세요. 한잠 자고 나면 되돌려드릴게요. 다리도 치워 주세요. 털이 까실까실해서 잠을 못 자겠어요.

살 구

일단 깬 잠은 다시 쉽게 오지 않았다. 홍당무는 한참 동안 잠을 못 이룬 채 털이불 속에서 뒤척거리고 있었다. 대부도 잠이 오지 않는 모양이었다.

"잠들었니?"

대부가 물었다.

홍당무 : 아뇨.

대부 : 나도 잠이 안 오는구나. 우리 이러지 말고 차라리 일어나자.

어떠냐, 지렁이라도 잡으러 갈까?

"그게 좋겠군요."
홍당무가 얼른 말했다.
두 사람은 침대에서 뛰어내려와 옷을 입었다. 그리고 초롱에 불을 켜 들고 마당으로 나갔다. 홍당무는 초롱을 들고, 대부는 진흙을 절반쯤 담은 깡통을 들었다. 그는 그 깡통에 낚시질에 쓸 지렁이를 담아 두었다. 그리고 위에는 젖은 이끼를 덮어 두었다. 그렇게 해 두면 지렁이는 절대로 달아나지 못했다. 온종일 비가 내리는 날이면 특히 수확이 많았다.
"밟지 않도록 조심해라. 이렇게 살금살금 걷는 거야. 감기만 안 걸린다면 운동화를 신고 오는 건데. 조금만 소리가 나도 지렁이는 재빨리 구멍 속으로 들어가 버리거든. 지렁이란 놈은 구멍에서 아주 멀리 떨어져 있을 때가 아니면 잡기가 어려워. 얼른 잡아서 약간 힘을 주어 쥐고 있지 않으면 안 돼. 미끄러져 달아나지 못하게 말이야. 절반쯤 구멍 속으로 달아난 놈은 놓아 줘라. 안 그러면 잘라지거든. 잘라진 지렁이는 아무짝에도 쓸모가 없단다. 괜히 옆에 있는 다른 놈들까지 썩게 하니까. 예민한 물고기는 토막난 지렁이 같은 건 거들떠보지도 않거든. 어떤 낚시꾼은 지렁이가 아까워서 반으로 잘라 쓰거나 죽은 놈을 쓰기도 하지만, 그건 잘못된 거야. 살아 있는 놈을 통째로 쓰지 않으면 싱싱한 물고기는 낚을 수 없어. 지렁이가 물 속에서 몸을 움츠리면, 물고기는 그놈이 도망치는 줄 알고 쫓아오지. 그러고는 마음 놓고 덥석 삼켜 버려."
대부가 홍당무에게 말했다.
"하지만 전 언제나 실수만 하는데요. 그놈들의 더러운 침 때문에 손가락만 이렇게 더러워지고."

홍당무가 시무룩한 얼굴로 투덜거렸다.

대부 : 지렁이는 더러운 게 아니야. 세상에서 가장 깨끗한 거지. 흙밖에 먹지 않는데 뭐가 더러워? 몸을 꾹 눌러 봐도 나오는 것은 흙뿐이야. 나는 먹기도 하는걸.

홍당무 : 그럼 내 것도 아저씨한테 드릴 테니, 잡숴 보세요.

대부 : 이놈은 너무 큰데. 이런 건 불에 구워서 빵에 발라 먹어야 해. 하지만 작은 놈이라면 날것으로도 먹지. 살구나무에 붙어 있는 벌레 정도로 작은 놈이라면 말이야.

홍당무 : 알았어요. 그래서 우리 집 식구들이 아저씨를 싫어하는 거예요. 엄마는 특히 더 그래요. 엄마는 아저씨 생각만 해도 속이 언짢아진대요. 하지만 저는 아저씨가 하는 일이라면 무조건 좋아요. 왜냐하면 아저씨는 잔소리도 안하고, 저와는 서로 잘 통하니까요. 그렇다고 아저씨 흉내를 내겠다는 건 아니에요.

홍당무는 초롱을 높이 치켜들고, 살구나무 가지를 잡아당겨서 열매를 몇 개 땄다. 좋은 것은 제 몫으로 떼어 놓고 벌레 먹은 것을 대부에게 주었다. 대부는 한 입에 통째로 씨까지 삼키고는 이렇게 말했다.

"이런 게 정말 맛있다니까!"

홍당무 : 저도 언젠가는 그렇게 할 거예요. 아저씨처럼 그런 것을 먹겠다구요. 다만 냄새가 나서 키스해 줄 때 엄마가 알아차릴까 봐 걱정이에요.

"냄새는 무슨 냄새?"

대부가 말했다. 그러더니 홍당무의 얼굴을 향해 입김을 후 불었다.

홍당무 : 정말 담배 냄새밖에는 안 나네요. 하지만 너무했어요, 아저씨. 담배 냄새 때문에 숨이 막힐 것만 같아요. 그렇지만 전 아저씨가 좋아요. 담배만 피우지 않는다면 훨씬 더 좋아질 텐데.
대부 : 꼬마야, 그런 소리 마라. 이건 몸에 좋은 거야.

마 틸 드

"엄마, 홍당무가 또 목장에서 마틸드와 신랑각시 놀이를 하고 있어요. 펠릭스 오빠는 둘에게 옷을 입혀 주고 있고요."
에르네스틴 누나가 숨을 헐떡거리며 달려와서 르픽 부인에게 일러바쳤다.
과연 목장에서는 마틸드가 흰 꽃이 핀 사위질팡 덩굴을 옷삼아 두르고 얌전하게 서 있었다.
한껏 멋을 부린 마틸드는 오렌지 화관을 쓴 신부와 꼭 같았다. 게다가 한평생 배앓이를 모두 고칠 만큼 많은 오렌지 가지를 온몸에 매달고 있었다.
사위질팡 덩굴은 먼저 머리 위에서 관 모양을 이룬 다음, 턱 밑, 등, 두 팔을 따라 축 늘어져 있었다. 그렇게 서로 얽히면서 허리에 휘감겼다가 마침내 땅바닥으로 처졌다. 그것을 펠릭스 형이 극성스럽게 펼쳐 놓았다.
펠릭스 형이 뒷걸음질치면서 말했다.
"이제 움직이면 안 돼! 자, 홍당무. 이번엔 네 차례야."
그리고 펠릭스 형은 홍당무를 신랑으로 꾸미기 시작했다. 홍당무 역시 사위질팡 덩굴을 몸에 잔뜩 감았는데, 군데군데 양귀비꽃, 스넬르, 노란 민들레꽃이 산뜻한 색깔을 뽐내고 있었다. 마틸드와 구별하기 위해서였다.

그들은 웃지도 않았다. 세 사람 모두 다 아주 진지한 표정을 짓고 있었다.

그들은 모두 어떤 의식에 어떤 모양이 어울리는지 잘 알고 있었다. 장례식 때에는 처음부터 끝까지 슬픈 표정을, 또 결혼식에서는 미사가 끝날 때까지 엄숙한 얼굴을 하고 있어야 한다. 그렇게 하지 않으면 어떤 놀이건 재미가 없어진다.

"서로 손을 잡고! 앞으로 사뿐히, 사뿐히 걸어가라!"

펠릭스 형이 점잖게 말했다.

홍당무와 마틸드는 펠릭스 형이 시키는 대로 조금 떨어져서 나란히 걸어갔다.

앞자락의 사위질팡 덩굴이 서로 얽히자, 마틸드는 그것을 걷어올려 손가락으로 풀었다. 그 동안 홍당무는 한쪽 발을 든 채 다정스럽게 신부를 기다리고 있었다.

펠릭스 형은 두 사람을 목장 이곳저곳으로 끌고 다니면서 양팔을 휘둘러 박자를 맞추어 주었다.

마치 읍장이라도 된 것처럼 두 사람에게 축하 인사도 하고, 신부님처럼 축복하기도 했다. 그러고는 또 두 사람의 친구가 되어 축사를 하고, 그것이 끝나자 바이올리니스트가 되어 두 개의 막대기를 비벼 대며 끽끽 소리를 냈다.

"잠깐!"

두 사람을 쉴새없이 끌고 다니던 펠릭스 형이 갑자기 소리쳤다.

"화관이 비뚤어졌어."

펠릭스 형은 마틸드의 화관을 손바닥으로 탁탁 치고는 곧 또다시 나란히 서게 하여 이리저리 끌고 다녔다.

"아야!"

마틸드가 얼굴을 찌푸리며 소리를 질렀다. 사위질빵 덩굴마디 한 개가 머리카락을 잡아당기고 있었던 것이다.

펠릭스 형은 머리카락째 그 덩굴을 뜯어 냈다. 그리고 행렬은 다시 계속되었다.

"됐다!"

펠릭스 형이 행렬을 멈추게 했다.

"너희들은 이제 결혼한 거야. 자, 서로 뽀뽀해라."

펠릭스 형의 말에 홍당무와 마틸드는 머뭇거렸다.

"아니, 왜 이래? 뽀뽀를 하라니까. 결혼하면 누구나 뽀뽀를 해야 하는 거야. 서로 정답게 마주 서서 뭐라고 한 마디 해. 말뚝 모양으로 그렇게 우두커니 서 있기만 할 거니?"

펠릭스 형은 웃지 않고 말했다. 하지만 속으로는 두 사람을 비웃고 있는 것이 틀림없었다. 어쩌면 펠릭스 형은 누구에게 달콤한 말을 속삭여 본 경험이 있는 모양이다.

펠릭스 형은 본보기를 보이는 척하면서 자기가 먼저 마틸드에게 뽀뽀를 했다.

홍당무도 대담해졌다. 얽혀 있는 덩굴 사이로 마틸드의 얼굴에 뽀뽀를 했다.

"이건 장난이 아니야. 난 정말 너하고 결혼할래."

뽀뽀를 한 다음 홍당무가 엄숙한 표정으로 말했다.

마틸드도 홍당무에게 뽀뽀를 했다. 그러고는 두 사람 다 어색한 듯이 얼굴이 새빨개졌다.

펠릭스 형은 양쪽 손 둘째손가락으로 머리 위에 뿔 모양을 만들어 보이면서 놀려 댔다.

"야아, 얼굴이 빨개졌구나. 수줍은 모양이지?"

그는 두 손가락을 마주 비비고 발을 동동 구르면서 웃었다.

"야, 이 바보들은 진짜로 결혼한 줄 아나 봐."

"나는 부끄러울 게 없어. 놀리고 싶으면 얼마든지 놀려도 좋아. 엄마만 허락해 준다면, 나는 마틸드와 결혼할 거야!"

홍당무가 정색을 하고 말했다.

그런데 바로 그 때, '난 허락할 수 없어!' 하는 르픽 부인의 목소리가 들려왔다.

르픽 부인은 나무 문을 밀어젖히며 고자질한 에르네스틴 누나와 함께 목장 안으로 들어섰다. 홍당무는 갑자기 온몸이 뻣뻣하게 굳어지는 것 같았다.

르픽 부인은 울타리 옆을 지나는 길에 마른 나뭇가지를 동여매어 놓은 가운데서 가시나무 가지를 꺾었다. 그리고 나뭇가지에서 잎사귀는 떼어 버리고 가시만 남겼다.

르픽 부인은 곧장 홍당무에게로 내달아 왔다. 마치 폭풍우와 같은 기세여서 피하려야 피할 수가 없었다.

"조심해, 회초리야!"

펠릭스 형이 소리쳤다. 그리고 그는 목장 끝까지 달아나 버렸다. 그곳이라면 홍당무가 혼나는 것을 숨어서 엿볼 수 있었다.

그러나 홍당무는 결코 도망치려고 하지 않았다. 그는 겁쟁이였지만, 무슨 일이든 빨리 끝장내는 것을 좋아하는 성격이었다. 더구나 오늘은 왠지 용기가 솟아올랐다.

마틸드는 옆에서 발발 떨며 흐느껴 울고 있었다.

홍당무 : 겁내지 마, 마틸드. 난 엄마 성격을 잘 알고 있어. 엄마는 나한테 화를 내고 있는 거야. 그러니까 매는 나만 맞을 거야.

마틸드 : 그야 그렇겠지. 하지만 네 엄마가 틀림없이 우리 엄마한테 이를 거야. 그렇게 되면 우리 엄마도 나를 때릴 거야.

홍당무 : 이럴 땐 때린다고 하는 게 아니라 버릇을 고쳐 준다고 말하는 거야. 여름 방학 숙제를 선생님이 고쳐 주는 것과 같이 말이야. 그런데 너의 엄마도 네 버릇을 고쳐 주니?

마틸드 : 가끔, 경우에 따라서.

홍당무 : 난 항상 그러는데.

마틸드 : 하지만 난 잘못한 게 없어.

홍당무 : 그런 건 아무래도 좋아. 아무튼 조심해라.

르픽 부인은 기다리듯 서 있는 홍당무 바로 앞까지 왔다. 이젠 붙잡은 것이나 다름없었다. 르픽 부인은 천천히 다가와 걸음을 멈추었다.

에르네스틴 누나는 회초리가 자기 쪽으로 잘못 날아올까 두려워, 더 이상 가까이 오지 않고 곧 무대의 중심이 될 장소의 경계선 근처에 멈추어 섰다.

홍당무는 '신부' 앞을 가로막고 섰다. '신부'는 더욱 소리를 높여 흐느껴 울었다. 그 바람에 사위질팡 덩굴의 흰 꽃이 흐트러졌다.

르픽 부인이 가느다란 회초리를 번쩍 쳐들고 막 후려갈기려하자, 마침내 홍당무도 파랗게 질려서 팔짱을 낀 채 목을 움츠렸다. 매를 맞기도 전에 벌써 허리가 화끈하고 종아리가 따끔거렸다. 그런데도 홍당무는 기세등등하게 소리쳤다.

"이런 걸 가지고 뭘 그러세요? 장난으로 한번 해 본 건데!"

금 고

다음 날 홍당무를 만나자 마틸드가 말했다.
"너의 엄마가 우리 엄마한테 모두 일렀어. 그래서 난 엉덩이를 많이 맞았단다. 너는 어땠니?"

홍당무 : 몰라, 난 어땠는지 다 잊어버렸는걸. 그런데 넌 왜 맞았니? 우리는 아무 잘못도 저지르지 않았는데.
마틸드 : 정말 그래.
홍당무 : 분명히 말하지만, 너하고 결혼하겠다고 말한 건 진심이었어.
마틸드 : 나도 너하고라면 정말 결혼해도 좋아.
홍당무 : 사실 그 동안 나는 너를 깔보았어. 왜냐하면 너의 집은 가난하고 우리 집은 부자니까. 하지만 걱정하지 마. 이젠 널 좋아하니까.
마틸드 : 부자라니, 돈이 얼마나 많은데?
홍당무 : 우리 집에는 적어도 백만 프랑은 있단다.
마틸드 : 백만 프랑이라면 얼마나 되니?
홍당무 : 무지무지하게 많지. 아무리 써도 가지고 있는 돈을 다 쓰지 못할 정도지.
마틸드 : 우리 집에는 너무 돈이 없다고 아빠와 엄마가 늘 한탄하시는데……
홍당무 : 그건 우리 집도 마찬가지야. 남에게 동정을 받으려고 괜히 그러는 거지만. 시기심 많은 사람들의 비위를 맞추려는 뜻도 있어. 하지만 사람들은 우리 집이 부자라는 걸 다 알고 있어. 매달 초하루만 되면 우리 아빠는 한참 동안 혼자서 자기 방에 틀어박혀 있단다. 금고를 열고 돈을 계산하기 위해서야. 그런데 그 소리가 밖에서 들으면

꼭 청개구리 울음 소리 같아. 아빠는 금고 문을 열면서 아무도 알아들을 수 없는 말을 혼자서 중얼거리셔. 그게 무슨 소린지는 아무도 몰라. 엄마도 형도 누나도. 알고 있는 건 아빠뿐이야. 이윽고 끼익 하며 방문이 열리고 아빠가 나오지. 돈을 들고서. 아빠는 그 돈을 부엌 식탁 위에 갖다 놓는 거야. 아무 소리도 하지 않고, 그저 돈을 짤랑짤랑 울려서 아궁이 앞에서 일하고 있는 엄마한테 알리지. 아빠가 밖으로 나가면 엄마는 돌아서서 얼른 돈을 거두어 가는 거야. 매달 그래. 벌써 오래 전부터 그렇게 하고 있는걸. 금고 속에 백만 프랑 이상이 있는 건 틀림없어.

마틸드 : 그래서 금고를 열 때 뭐라고 하니, 응? 뭐라고 하셔?

홍당무 : 묻지 마. 물어 봐도 소용없어. 우리가 결혼하면 가르쳐 줄게. 네가 무슨 일이 있어도 남에게 말하지 않겠다고 약속해 준다면 말이야.

마틸드 : 지금 당장 가르쳐 줘. 절대로 아무한테도 말하지 않겠다고 약속할게.

홍당무 : 그건 안 돼. 아빠하고 나만의 비밀인걸.

마틸드 : 너도 모르지? 알고 있다면 왜 말을 못하니?

홍당무 : 미안하지만, 알고 있다구요.

마틸드 : 모르는 거야. 그래, 너, 모르지? 아아, 정말 웃겨!

"그래, 말해 주지. 하지만 한 가지 조건이 있어."
홍당무가 정색을 하고 말했다.
"무슨 조건?"
마틸드는 주춤했다.
"내가 만지고 싶은 데를 만지게 해 줘. 그러면 가르쳐 줄게."

홍당무가 말했다.

마틸드는 홍당무의 얼굴을 빤히 쳐다보았다. 무슨 말인지 잘 못 알아들은 모양이었다. 잿빛 눈을 실처럼 가늘게 떴다. 이제 알고 싶은 것이 하나에서 둘로 늘어난 셈이었다.

"먼저 그 말을 가르쳐 줘, 홍당무."

홍당무 : 가르쳐 주면 내가 만지고 싶은 데를 만져도 된다고 맹세해.

마틸드 : 엄마가 함부로 맹세하면 안 된다고 말했는데.

홍당무 : 그럼 안 가르쳐 줄 테야.

마틸드 : 좋아, 안 가르쳐 줘도 괜찮아. 그 말이 뭔지 알았단 말이야. 벌써 다 알았어.

그 말에 홍당무는 당황했다.

"네가 뭘 안다고 그러니? 하지만 맹세하겠다면 가르쳐 줄게. 아빠가 금고를 열 때 하는 말은 '얼빠진 놈아!'라는 거야. 자, 이제 만져 봐도 되지?"

"얼빠진 놈아! 얼빠진 놈아!"

마틸드는 비밀을 알아 낸 기쁨에 큰 소리로 외쳤다. 그러나 한편으로는 엉터리가 아닌가 하는 걱정으로 주춤해졌다. 마틸드는 홍당무를 노려보았다.

"나를 놀리고 있는 건 아니겠지?"

홍당무가 대꾸도 하지 않고 한쪽 손을 내밀며 다가오자, 마틸드는 킥킥 웃으며 뒷걸음질을 쳤다. 그러다가 그대로 달아나고 말았다.

마틸드의 모습이 사라지자, 뒤에서 무슨 소리가 들렸다.

홍당무는 얼른 뒤를 돌아보았다. 마구간의 들창에서 피에르가 얼굴을 내밀고 잇몸을 드러낸 채 웃고 있었다.

"다 봤다, 홍당무! 네 엄마한테 모두 말해 버릴 테다."

피에르가 소리쳤다.

홍당무 : 장난한 거예요, 피에르 아저씨. 그 아이를 속이려고 그런 거예요. '얼빠진 놈아!'는 내가 엉터리로 꾸며 댄 말이었어요. 사실은 나도 잘 몰라요.

피에르 : 걱정 마라, 홍당무. 너무 그렇게 겁먹을 것 없어. '얼빠진 놈아!' 같은 건 아무래도 괜찮아. 나도 그건 거짓이라는 걸 알고 있었으니까. 내가 네 엄마한테 말한다는 건 다른 일이야.

홍당무 : 다른 일이라뇨?

피에르 : 나이 치고는 제법 능란하던데. 하지만 단단히 각오해라, 오늘은 아마 네 귀가 찢어질 만큼 비틀릴 거다.

홍당무는 뭐라고 변명할 말이 없었다. 타고난 빨강머리가 무색할 만큼 얼굴을 붉혔다.

기가 죽은 홍당무는 두 손을 주머니에 넣은 채 코를 훌쩍이면서 비실비실 물러갔다.

올 챙 이

홍당무는 마당 한복판에서 혼자 놀고 있었다. 그곳은 창문에서 한눈에 내려다볼 수 있기 때문에 르픽 부인이 감시하기 좋은 곳이었다.

홍당무는 얌전하게 노는 연습을 했다. 그때 친구 레미가 나타났다. 레미는 홍당무와 같은 또래의 남자아이로 절름발이였다. 그런데도 레미는 언제나 달리기를 하고 싶어했다.

하지만 절름거리는 왼쪽 다리가 오른쪽 다리 뒤에 질질 끌릴 뿐, 다른 아이들을 따라가지 못했다. 레미는 손에 소쿠리를 들고 있었다.

"안 갈래, 홍당무? 아빠가 지금 강에 그물을 치고 있어. 아빠한테 가서 소쿠리로 올챙이를 건지자."

"우리 엄마한테 물어 봐라."

홍당무가 시큰둥한 얼굴로 말했다.

레미 : 왜 내가 물어 봐야 하니?

홍당무 : 내가 물어 보면 허락을 안해 주니까 그렇지, 뭐.

바로 그 때 르픽 부인이 창가에 나타났다.

"아주머니, 올챙이를 잡으러 홍당무와 함께 가도 괜찮아요?"

레미가 물었다.

르픽 부인은 유리창에 귀를 바싹 갖다 댔다. 레미는 큰 소리로 되풀이했다. 르픽 부인은 그제서야 알아들은 모양이었다. 커다랗게 입을 놀려 뭐라고 말하는 것이 보였다. 그러나 두 아이의 귀에는 아무 말도 들리지 않았다.

홍당무와 레미는 서로 얼굴을 쳐다보면서 머뭇거리고 있었다. 그러자 르픽 부인은 머리를 절레절레 흔들었다. 그것은 분명히 '안 된다' 라는 신호였다.

"안 된대. 아무래도 곧 심부름을 시킬 게 있나 봐."

홍당무가 실망한 얼굴로 말했다.

레미 : 그럼 어쩔 수 없구나. 아주 재미있을 텐데. 못 가는 거지, 안

된단 말이지?

홍당무 : 가지 말고 우리 여기서 놀자.

레미 : 싫어. 올챙이 잡는 게 훨씬 더 재미있단 말이야. 오늘은 날씨도 따뜻하니 소쿠리로 마냥 건져 낼 거야.

홍당무 : 잠깐만 더 기다려 봐. 엄마는 언제나 처음에는 안 된다고 말하지만, 나중에는 곧잘 생각이 바뀌니까 말이야.

레미 : 그럼 15분만 기다릴게. 그 이상은 절대 안 돼.

홍당무와 레미는 마당 한가운데 우두커니 서 있었다. 두 손을 주머니에 찌른 채 시치미를 떼고 계단 쪽을 유심히 보고 있었다.

잠시 뒤, 홍당무가 팔꿈치로 레미를 쿡 찔렀다.

"어때, 내가 말한 대로지?"

홍당무의 말에 레미는 고개를 돌렸다. 과연 현관문이 열리며 르픽 부인이 계단을 내려오고 있었다. 홍당무에게 줄 소쿠리를 손에 들고 있었다. 그러나 르픽 부인은 갑자기 걸음을 멈추었다.

"아니, 너 아직 여기 있었니, 레미? 벌써 간 줄 알았는데. 아무래도 네 아빠한테 일러야겠다. 여기서 빈둥거리고 있었다고 말이야. 그러면 틀림없이 야단을 맞을 거야."

레미 : 아줌마, 하지만 홍당무가 기다리라고 그러는 걸 어떡해요.

르픽 부인 : 뭐, 그게 정말이냐, 홍당무?

홍당무는 뭐라고 할 말이 없었다. 이럴 때는 시치미를 떼고 있는 것이 가장 좋은 방법이었다.

홍당무는 르픽 부인의 성격을 속속들이 알고 있었다. 이번에도 분명히 조금만 기다리면 될 것 같았다. 그런데 레미가 일을 망쳐 놓았기 때

문에, 홍당무는 이제 될 대로 되라 하고 발 밑의 풀을 지그시 밟으며 얼굴을 돌리고 있었다.

"하지만 말이다, 나는 한 번 말한 것을 뒤집어 본 적이 없단다."

르픽 부인이 쌀쌀맞게 말했다.

그리고 돌아서서 내려왔던 계단을 다시 올라갔다. 홍당무가 올챙이를 잡으러 갈 때 가지고 갈 소쿠리를 그대로 손에 든 채. 일부러 호두를 비우고 가지고 온 소쿠리였는데.

레미는 벌써 저만치 멀어지고 있었다.

르픽 부인은 농담이라곤 거의 안 하는 사람이었다. 그래서 다른 아이들도 부인 앞에서는 조심했다. 학교 선생님만큼이나 어려워했다.

레미는 강을 향해 달려가고 있었다. 아주 빠른 속력이었다. 그래서 뒤에 처진 그 왼쪽 다리가 큰길의 먼지에 한 가닥의 줄을 그으며 요리 냄

비가 끓는 소리를 냈다.

그 날을 헛되이 망쳐 버린 홍당무는 이제 놀고 싶은 기분도 나지 않았다. 멋지게 놀 기회를 놓친 것이다.

슬슬 억울하다는 생각이 머리를 쳐들었다.

울화통이 터지려고 했다.

외롭고 서글픈 기분이었다. 그러나 자기가 못나서 받게 되는 벌이라 생각하고 지루한 시간을 말없이 견디었다.

극적인 변화

르픽 부인 : 너 어딜 가려는 거냐?

홍당무 : (새 넥타이를 매고, 침을 뱉어 반들반들하게 구두를 닦으며)

아빠하고 산책할 거예요.

르픽 부인 : 가면 안 돼. 알겠지? (오른쪽 주먹을 머리 위로 치켜올리며) 가기만 해 봐라……

홍당무 : (낮은 목소리로) 알았어요.

홍당무 : (벽시계 옆에서 생각에 잠기며) 내가 바라는 건 뭘까? 매를 안 맞는 일. 그렇다면 산책을 포기하는 수밖에 없지. 아무래도 아빠가 엄마보다 덜 무서우니까. 아빠한테는 미안하지만 할 수 없어!

르픽 씨 : (바빠서 언제나 일에 쫓기지만 모처럼 홍당무와 함께 시간을 보내려고 하며) 자, 이제 가 볼까!

홍당무 : 안 갈래요, 아빠.

르픽 씨 : 왜? 가기 싫으냐?

홍당무 : 가고 싶어요. 하지만 안 돼요.

르픽 씨 : 까닭을 말해 봐라. 왜 그러지?

홍당무 : 아무것도 아니에요. 그냥 집에 있을래요.

르픽 씨 : 아아, 그렇군. 또 그 변덕이 시작된 게로구나. 아무튼 넌 알 수 없는 아이야. 너한테는 정말 두 손 다 들었어. 언제는 가고 싶다고 졸라 대더니, 또 가고 싶지 않다고? 그래, 그럼 집에 있거라. 그렇게 울상을 한 채 말이다.

르픽 부인 : (언제나처럼 문 옆에 서서 남의 말을 엿들으며) 가엾게도!(징그러운 목소리로 홍당무의 머리를 쓰다듬는 척하면서 쥐어뜯는다) 눈물이 글썽거리는구나. 그래, 아빠가……. (르픽 씨 쪽을 슬쩍 본다) 싫다는 걸 억지로 끌고 가려고 하시든? 엄마는 그렇게 심하게 들볶지는 않는단다. (돌아 선 르픽 씨에 마주 등을 돌리며)

홍당무 : (벽장 안. 손가락을 입과 콧구멍에 넣고 있다. 입 안에는 두 개, 콧구멍에는 한 개가 들어가 있다) 되고 싶다고 아무나 고아가 되는 것은 아니로구나…….

사 냥

르픽 씨는 펠릭스 형과 홍당무를 번갈아 가며 사냥에 데리고 다녔다.

홍당무는 약간 오른쪽으로 처져서 르픽 씨의 뒤를 따라갔다. 총 끝을 피하기 위해서였다. 그리고 잡은 것은 등에 짊어지고 갔다.

르픽 씨는 지칠 줄 모르는 튼튼한 다리를 가졌다. 홍당무는 불평도 하지 않고 기를 쓰고 아버지 뒤를 쫓아갔다. 구두가 꼭 끼어 발이 아팠지만, 절대 한 마디도 입 밖에 내지 않았다. 손가락도 끊어질 것처럼 아팠다. 발가락 끝은 부풀어올라 마치 자그마한 망치같이 되어 있었다.

"이건 가까운 농가에 맡겨 두거나, 울타리 속에 숨겨 두었다가 저녁 때 가지고 가는 게 좋겠지?"

사냥에서 첫 번째로 토끼라도 잡으면 르픽 씨는 그렇게 말했다.

"아니에요, 아빠. 제가 가지고 다니겠어요."

홍당무는 얼른 말했다.

그래서 홍당무는 온종일 토끼 두 마리와 자고새 다섯 마리를 짊어지고 다닌 적도 있었다.

홍당무는 손수건을 사냥 망태기의 멜빵 밑에 넣어 어깨가 직접 닿지 않도록 함으로써 아픔을 덜어 보려고 했다.

그래도 누군가를 만나면 자랑스럽게 등을 돌려 보였다. 그럴 때는 잠시 아픈 것을 잊을 수 있었다.

그러나 한 마리도 못 잡은 날은 자랑스러운 것이고 뭐고 없이 그저 힘들기만 했다. 그 날도 처음에는 그랬다.

"여기서 기다리고 있거라."

사냥감을 찾다가 르픽 씨가 말했다.

"저 밭을 훑어보고 오마."

홍당무는 혼자서 속을 태우며 햇빛 속에 가만히 서 있었다.

홍당무는 아버지의 행동을 지켜보았다. 르픽 씨는 이 곳에서 저 곳으로 흙덩이를 밟아 가며 마치 쇠스랑으로 땅을 고르듯이 샅샅이 뒤지고 다녔다.

총대로 울타리며 덩굴이며 엉겅퀴 같은 것을 후려갈기기도 했다. 그러다 보면 사냥개 피람까지도 지칠 대로 지쳐 힘들어했다. 그늘을 찾아 누워서 혓바닥을 쑥 내놓고 헐떡거리는 것을 보면 알 수 있었다.

'저런 데 뭐가 있을까 봐……. 흥, 마음대로 후려갈겨 봐요. 쐐기풀이나 때려눕히며 이리저리 뒤져 보세요. 내가 토끼라도 이런 더위 속에서는 뛰어다니지 않겠다. 풀잎 속에 구덩이를 파놓고 시원하게 들어가 있지.'

이렇게 홍당무는 속으로 르픽 씨를 원망했다.

르픽 씨는 울타리를 뛰어넘어 또 다른 밭으로 들어갔다. 그리고 말먹이 풀밭을 열심히 뒤지고 있었다. 이번에야말로 토끼 두세 마리쯤은 있으려니 단단히 점을 찍고 있었다.

홍당무는 르픽 씨 있는 쪽으로 갔다.

'아빠가 기다리라고 말했지만, 이쯤 되면 도저히 가만히 있을 수가 없군. 시작이 나쁜 날은 끝까지 엉망이거든. 이러다간 오늘 밤은 틀림없이 빈손으로 돌아가게 될 거야. 피람이 녹초가 되고 내가 쓰러지기 전에 얼른 방법을 써야지. 어차피 결과는 우두커니 앉아서 기다리는 것과 마찬가지니까.'

홍당무는 순진하게도 미신을 꽤 믿었다. 사냥에 나서면, 홍당무는 다음과 같이 생각하곤 했다.

'홍당무가 모자의 가장자리를 만지면' 피람은 사냥감을 발견한다.
'홍당무가 모자를 벗으면' 자고새가 날거나, 토끼가 어디선가 불쑥 튀어나온다.
'홍당무가 다시 모자를 쓰거나, 모자를 들고 경례하는 흉내를 내든가 하면' 르픽 씨는 실수를 하거나, 용케 사냥감을 맞히거나 한다.

이 방법이 백이면 백 다 들어맞는 게 아니라는 것은 홍당무도 잘 알고 있었다. 너무 자주 되풀이하면 효과가 없어지는 것 같기도 했다. 운명의 여신도 똑같은 신호에 그 때마다 대답하는 데 싫증을 내기 때문이다. 그래서 홍당무는 적당히 간격을 두고 가끔 그 방법을 써먹었다. 그러면 그런 대로 효과가 있는 것 같았다.

홍당무는 모자 가장자리를 만졌다. 그러자 신기하게도 피람은 털을 곤두세운 채 꼬리를 번쩍 쳐들고 우뚝 섰다. 사냥감을 발견한 것이다.

르픽 씨는 엽총의 개머리판을 어깨에 메고는 발소리를 죽여 살금살금 사냥감에게 다가갔다.

홍당무는 그 자리에 멈춰 선 채 꼼짝도 하지 않았다. 솟구쳐 오르는 감동으로 숨이 막힐 것만 같았다.

"쏘는 걸 보았니?"

홍당무가 다가가자, 르픽 씨가 자랑스러운 듯 아직도 따뜻한 토끼를 번쩍 쳐들며 물었다.

르픽 씨는 토끼의 블론드 빛 배를 눌러 마지막 똥을 짜냈다.

"왜 웃지?"

"아빠가 이놈을 잡은 게 다 내 덕이니까 그렇죠."

홍당무가 말했다.

그리고 이번에도 제대로 들어맞은 것이 신기해서 침착하게 자기의 비밀 방법을 이야기했다.

"제정신으로 그런 말을 하는 거냐?"

르픽 씨가 말했다.

홍당무 : 항상 들어맞는다고는 할 수 없어요. 하지만…….

르픽 씨 : 그래, 알았으니 입 다물어! 바보 같으니라구. 나는 네가 머리 좋은 아이라는 평판을 잃는 걸 원치 않는다. 그러니까 다른 사람들 앞에서는 그런 말을 안 하는 게 좋을 거야. 비웃음거리밖에 안 될 테니까. 그런데 너 혹시 아빠를 놀리려고 지어낸 말 아니냐?

홍당무 : 아니에요, 아빠. 하지만 아빠 말이 맞아요. 죄송해요, 난 아직도 철이 덜 들었나 봐요.

파 리

사냥은 여전히 계속되고 있었다.

홍당무는 괜히 쓸데없는 말을 한 것 같아서 어깨를 잔뜩 움츠리고 있었다. 자신이 바보스럽게 여겨졌다. 만일 다른 사람이 그런 말을 했다면, 홍당무도 아마 미쳤다고 생각했을 것이다.

홍당무는 다시 기운을 내어 새로운 마음으로 르픽 씨를 바싹 따라갔다. 르픽 씨가 왼쪽 발로 디딘 곳을 열심히, 조금도 어김없이 왼쪽 발로 디디려니 몹시 바빴다. 마치 식인종에게 쫓기는 것처럼 다리를 넓게 벌리고 걸었다. 오디며 돌배며 산사자 열매를 딸 때만 잠깐씩 쉬었다.

산사자 열매를 먹으면 입 안이 죄는 듯한 느낌이 들었지만, 하얗게 말랐던 입술이 원래의 붉은 빛으로 되돌아가고 갈증도 사라졌다.

홍당무가 짊어지고 있는 사냥 망태기 속에는 코냑이 한 병 들어 있었다. 홍당무는 그것을 한 모금씩 홀짝홀짝 마셨다. 그러다 보니 어느덧 바닥이 드러나 있었다. 르픽 씨는 사냥에 열중해서 한 모금 달라는 말을 잊어버리고 있었다.

"아빠, 한 모금 드릴까요?"

홍당무가 물어 봐도 바람결에 돌아오는 대답은 '필요 없어'라는 말뿐이었다. 홍당무는 마지막 한 모금을 마저 마시고는 병을 비웠다. 머리가 조금 어지럽고 다리가 후들거렸다.

비틀거리면서 르픽 씨의 뒤를 쫓아가던 홍당무가 갑자기 멈췄다. 그러고는 서서 귀에 손가락을 넣어 힘껏 후벼 냈다. 곧 귀로 무언가 들어보려는 듯이 르픽 씨에게 소리쳤다.

"아빠, 귓속에 파리가 들어갔나 봐요!"

르픽 씨 : 꺼내면 되잖니?

홍당무 : 안으로 쑥 들어갔어요. 손가락이 안 닿는걸요. 윙윙거리는 소리가 들려요.

르픽 씨 : 내버려 둬, 저절로 죽을 테니까.

홍당무 : 하지만 아빠, 혹시 알이라도 낳으면 어떡해요? 또 집을 지으면 어떻게 하지요?

르픽 씨 : 손수건을 쑤셔 넣어서 죽여 버리려무나.

홍당무 : 차라리 코냑을 넣어서 빠져 죽게 해 보는 게 어떻겠어요? 그래도 괜찮겠죠?

“아무거나 네 마음대로 넣어 보렴!”

르픽 씨가 소리쳤다.

“하지만 빨리 해야 할 거다.”

홍당무는 병 주둥이를 귀에 대고 빈 병을 흔들어 쏟는 척했다. 르픽 씨가 갑자기 술을 달라고 할 때를 대비해서 미리 잔꾀를 부린 것이었다.

얼마 뒤, 홍당무는 걱정이 되어 달려온 르픽 씨에게 빈 코냑 병을 흔들어 보이며 쾌활하게 외쳤다.

“아빠, 이젠 파리 소리가 안 들려요! 틀림없이 죽었나 봐요. 그런데 그 파리 녀석이 코냑을 모두 마셔 버렸어요.”

첫 번째 도요새

"여기 잠깐 있거라."

르픽 씨가 멈춰 서며 말했다.

"여기가 이 근처에선 가장 좋은 사냥터니까, 피람을 데리고 숲속을 한 바퀴 돌며 도요새를 몰아오마. '삐삐' 하고 우는 소리가 들리거든 얼른 눈을 크게 뜨고 봐. 도요새가 네 머리 위로 날아올 테니까."

르픽 씨의 말에 홍당무는 두 팔로 엽총을 비스듬히 안았다. 처음으로 도요새를 쏘게 된 것이다.

전에도 르픽 씨의 총으로 메추리를 한 마리 잡고, 자고새의 날개를 스치고, 토끼를 놓친 적이 있기는 하다.

그 때 메추리는 땅 위를 걷고 있었는데, 사냥감을 발견하고 멈춰 서 있는 개의 코 앞에서 쏜 것이다. 처음에 홍당무는 잿빛을 한 이 동그란 공 모양의 작은 새를 우두커니 바라보고만 있었다.

"뒤로 물러서라, 너무 가깝다."

르픽 씨가 주의를 주었다.

그런데도 홍당무는 본능적으로 한 걸음 앞으로 내디뎠다. 그리고 총을 어깨에 대고 재빨리 방아쇠를 당겼다.

잿빛의 둥근 공은 땅바닥에 곤두박질치고 말았다. 그러나 너무 가까운 거리에서 쏘는 바람에 메추리는 가루가 되다시피 하여 흔적도 없이 사라졌다. 다만 깃털 몇 개와 피투성이가 된 주둥이만 남아 있을 뿐이었다.

그건 그렇고, 사냥꾼으로서 이름을 떨치기 위해서는 도요새를 잡지 않으면 안 된다. 오늘이야말로 홍당무의 생애에서 가장 기념할 만한 날이 되어야 한다.

저녁놀은 누구나 다 알고 있듯이 사람의 눈을 잘 속인다. 여러 가지 물체의 윤곽이 연기처럼 흔들리는 것이다. 모기가 한 마리 날아와도 흔들려 보이므로 큰 새로 착각하기 쉬웠다.

홍당무는 가슴을 두근거리며 도요새가 자기의 머리 위로 나타날 그때를 애타게 기다렸다.

목장에서 돌아온 지빠귀 한 무리가 참갈나무 사이에서 확 흩어져 둥지로 돌아갔다. 홍당무는 먼저 눈을 익히기 위하여 그것을 겨누어 보았다. 총대에 서리는 습기를 소매로 닦았다. 낮게 부는 바람에 낙엽이 여기저기서 굴러다니고 있었다.

이윽고 두 마리의 도요새가 하늘로 치솟아올랐다. 긴 주둥이 때문에 도요새는 나는 것이 둔해 보였다. 암놈과 수놈인 모양으로, 서로 쫓고 쫓기며 숲 위를 빙빙 돌고 있었다.

도요새들은 르픽 씨 말대로 '삐삐 삐삐'하며 울고 있었다. 그러나 너무 희미한 소리여서, 홍당무는 과연 자기가 있는 쪽으로 날아올지 걱정스러웠다. 그래도 도요새에게서 눈을 떼지 않았다.

이윽고 머리 위를 스쳐 지나가는 두 그림자가 보였다. 홍당무는 개머리판을 배에 대고 어림잡아 하늘을 향해 방아쇠를 당겼다.

두 마리의 도요새 가운데 한 마리가 주둥이를 아래로 향한 채 밑으로 떨어졌다. 총 소리가 숲속 구석구석으로 메아리치면서 울려 퍼졌다.

홍당무는 날개가 부러진 도요새를 주워 들고 자랑스럽게 흔들었다. 짙은 화약 냄새가 났다.

피람이 르픽 씨보다 앞서서 달려왔다. 르픽 씨는 여느 때와 마찬가지로, 꾸물거리는 것도 아니고 그렇다고 서두르지도 않았다.

'틀림없이 깜짝 놀랄 거야.'

르픽 씨가 칭찬해 주기를 기다리며 홍당무는 어깨를 폈다.

그러나 우거진 나뭇가지를 헤치고 나타난 르픽 씨는 별로 대견스럽다는 표정이 아니었다.

"왜 두 마리 다 잡지 않았니?"

르픽 씨는 덤덤한 목소리로 아직도 화약 냄새에 싸여 있는 아들에게 말했다.

낚싯바늘

홍당무는 잡아 온 물고기의 비늘을 한창 긁고 있는 중이다. 모래무지며, 잉어며, 게다가 농어까지 섞여 있었다.

홍당무는 그것들의 배를 갈라 두 겹으로 된 투명한 공기 주머니와 내장을 꺼냈다. 거품이 일어 하얗게 된 물통 위에 기대어 일을 하면서도 옷을 더럽히지 않으려고 조심했다.

홍당무는 공기 주머니는 발로 밟아 터뜨리고, 내장은 한데 모았다. 고양이에게 주기 위해서였다.

곁눈질도 하지 않고 부지런히 일했다.

르픽 부인이 잠깐 살펴보러 나왔다.

"수고했다. 오늘은 맛있는 튀김거리를 잡아 왔구나. 하려고만 하면 너도 서투른 솜씨는 아니야."

르픽 부인이 말했다.

그러면서 르픽 부인은 홍당무의 목과 어깨를 다정스럽게 쓰다듬어 주었다. 홍당무는 왠지 쑥스러워 어깨를 움츠렸다.

그런데 르픽 부인은 홍당무의 어깨에서 손을 떼는 순간 진저리를 치며 비명을 질렀다.

"아악!"

손가락 끝에 낚싯바늘이 꽂혔던 것이다.

에르네스틴 누나가 가장 먼저 달려왔다. 펠릭스 형도 뒤쫓아 달려왔다. 얼마 뒤, 르픽 씨도 왔다.

"무슨 일이에요?"

세 사람이 동시에 물었다.

르픽 부인은 손가락을 얼른 양쪽 무릎 사이에 끼워 넣었다. 그 바람에 낚싯바늘은 더욱 깊이 꽂혔다.

펠릭스 형과 에르네스틴 누나가 어머니를 부축했다. 그러는 동안 르픽 씨는 그녀의 팔을 잡고 치켜들었다. 그래서 모두가 손가락을 볼 수 있었다. 낚싯바늘은 손가락을 꿰뚫고 꽂혀 있었다.

르픽 씨가 그것을 빼려고 했다.

"안 돼요, 그렇게 하면!"

르픽 부인이 쇳소리로 고함을 쳤다.

과연 낚싯바늘은 한쪽이 구부러져 있고 그 끝에 고리가 달려 있어서 좀처럼 빠지지 않았다.

르픽 씨는 코걸이 안경을 썼다.

"야단났군. 바늘을 부러뜨리는 수밖에 없겠어."

르픽 씨가 말했다.

그러나 방법이 없었다. 도대체 어떻게 부러뜨린단 말인가!

르픽 씨가 조금만 힘을 주어도 르픽 부인은 질겁을 하며 비명을 질러 댔다. 도대체 심장이나 목숨을 빼앗겠다는 것도 아닌데, 왜 이 야단인가? 게다가 성가시게도 그 낚싯바늘은 고급 강철로 되어 있었다.

르픽 씨가 비장한 결심을 한 듯한 표정으로 말했다.

"그렇다면 살을 찢을 수밖에 없겠군."

르픽 씨는 코걸이 안경을 단단히 고쳐 쓰고 창칼을 꺼냈다. 그리고 칼날을 르픽 부인의 손가락에 대고 슬쩍슬쩍 문지르기 시작했다. 그러나 너무 살살 베는 바람에 칼날이 살집으로 들어가지 않았다. 힘을 주고 땀을 흘린 끝에 겨우 피가 조금 나왔을 뿐이었다.

"아, 아파! 아프다니까요!"

르픽 부인이 소리쳤다. 주위 사람들은 모두 벌벌 떨고 있었다.

"아빠, 좀더 빨리 하세요!"

에르네스틴 누나가 재촉했다.

"그렇게 엄살을 부리면 안 된다니까요."

펠릭스 형이 거들고 나섰다.

르픽 씨는 이제 더 기다릴 수가 없었다. 칼을 쥔 손에 힘을 주었다. 마구 살을 째고 톱질을 했다.

"백정 같으니! 아유, 이 백정 같으니!"

르픽 부인은 악을 쓰다가 다행히도 정신을 잃었다.

르픽 씨는 그 기회를 놓칠세라, 얼굴이 창백해진 채 마치 미친 사람처럼 살집을 뜯어 냈다.

그리하여 손가락이 온통 피투성이가 되었을 때, 마침내 낚싯바늘이 떨어져 나왔다.

"휴우!"

르픽 씨는 길게 한숨을 내쉬었다.

그러는 동안 홍당무는 아무런 도움이 되지 못했다. 르픽 부인이 비명을 지르자마자 밖으로 달아났던 것이다. 당장 눈앞에서 벌어지고 있는 일도 그렇지만, 르픽 부인이 화낼 것을 생각하니 그대로 있을 수가 없었다.

홍당무는 계단에 걸터앉아 두 손으로 머리를 감싸쥐고, 도대체 날벼락 같은 이 사건이 어떻게 일어났는가를 생각해 보았다. 아마도 마지막으로 낚싯줄을 멀리 던졌을 때 낚싯바늘만 등에 걸려서 그대로 꽂혀 있었던 것이리라.

"물고기는 걸리지 않고 낚싯바늘만 없어진 것이 수상했어."

홍당무는 중얼거렸다.

르픽 부인의 신음 소리가 들려왔다. 아무리 듣고 있어도 별로 슬프지 않았다. 좀더 시간이 지나면 이번에는 홍당무 쪽이 르픽 부인 못지않게 큰 소리를 지르며 목이 쉬어라 울어 댈 것이다. 그렇게 되면 르픽 부인은 복수한 셈이 됐다고 생각하고 그를 그대로 내버려 둘 것이 틀림없다.

이웃 사람들이 몰려와서 홍당무에게 물었다.

"대체 어떻게 된 거냐, 홍당무?"

그러나 홍당무는 아무 말도 하지 않았다. 그 대신 손으로 귀를 틀어막고 고개를 숙였다. 그 바람에 빨강머리가 손에 가려서 보이지 않게 되었다.

이웃 사람들은 계단 밑에 줄지어 서서 소식을 기다리고 있었다.

그러는 동안 마침내 르픽 부인이 밖으로 나왔다. 아이를 낳은 여자처럼 얼굴이 핼쑥했다. 그러나 한편으로는 매우 위험한 일을 당했다는 것이 자랑스러운지, 정성들여 붕대를 감은 손가락을 앞으로 내밀었다.

르픽 부인은 아픔을 꾹 참고, 그 자리에 있는 사람들에게 미소를 지으며 몇 마디 말로 안심시키고는 홍당무에게 다정하게 말했다.

"너는 엄마를 정말 아프게 했구나. 하지만 너를 원망하지는 않는다. 네가 잘못한 것은 아니니까."

르픽 부인은 이 때까지 단 한 번도 홍당무에게 이토록 상냥하게 말을 건넨 적이 없었다. 홍당무는 깜짝 놀라 얼굴을 들었다. 르픽 부인의 손가락은 헝겊과 실로 둘둘 감겨 있었다. 마치 가난한 집 아이들의 인형 같았다. 홍당무의 맑은 두 눈이 눈물로 가득 찼다.

르픽 부인은 몸을 굽혔다. 홍당무는 팔꿈으로 그것을 막으려 했다. 버릇이 되어 버린 것이다. 그런데 부인은 너그럽게도 모두의 앞에서 홍당무에게 입을 맞추었다.

홍당무는 영문을 몰라 어리둥절했다. 그저 눈에 눈물을 글썽일 뿐이었다.

"아직도 엄마가 화났다고 생각하는 거냐? 이제 다 지난 일이니 용서해 주겠다고 했잖아!"

르픽 부인이 다정하게 말했다. 홍당무는 큰 소리로 흐느껴 울었다.

"바보! 남이 들으면 목이라도 조르는 줄 알겠다."

이웃 사람들은 르픽 부인의 애정에 감동된 듯했다.

그녀가 낚싯바늘을 건네 주자, 모두들 신기한 듯이 자세히 들여다보았다. 그 가운데는 '이건 8호가 틀림없어' 하고 낚싯바늘의 크기를 말하는 사람도 있었다.

차츰 여느 때처럼 말을 자유로이 할 수 있게 되자, 르픽 부인은 사고가 났을 때의 광경을 수다스럽게 늘어놓기 시작했다.

"정말 그 때는 이 애를 죽이고 싶더라고요. 이렇게 귀여운 자식만 아니라면 말이에요. 보기엔 작은 낚싯바늘이지만……. 꼭 죽는 줄 알았다니까요."

에르네스틴 누나가 그 바늘을 마당 한구석에 구덩이라도 파고 묻은 다음 진흙으로 덮어 두는 것이 좋겠다고 제안했다.

그러자 펠릭스 형이 반대했다.

"아냐, 그냥 둬! 이건 내가 맡아 두겠어. 이걸로 낚시질을 해 보고 싶어. 굉장할 거야. 엄마의 피에 젖은 바늘인걸. 낚시에는 안성맞춤이겠지! 이걸로 허벅지만큼 큰 놈을 몇 마리 잡아야지. 멋있을 거야!"

그리고 펠릭스 형은 홍당무의 몸을 흔들어 댔다.

홍당무는 아직도 벌을 받지 않은 까닭을 몰라 멍하니 서 있었다.

그러나 르픽 부인은 언제 어떻게 변할지 알 수 없는 사람이었다. 홍당무는 깊이 뉘우치고 있다는 것을 나타내기 위해 쉰 목소리를 짜내면서 보기 흉한 주근깨투성이 얼굴을 눈물로 씻고 있었다.

은 화

르픽 부인 : 너 뭐 잃어버린 것 없니, 홍당무?

홍당무 : 없어요, 엄마.

르픽 부인 : 찾아보지도 않고 무조건 없다고 말하니? 자, 먼저 네 주머니를 뒤집어 봐라.

홍당무 : (주머니 속을 뒤집는다. 그리고 주머니가 당나귀 귀처럼 늘어져 있는 것을 무심히 보며) 아, 그렇구나. 엄마, 돌려주세요!

르픽 부인 : 돌려달라니, 뭘 말이냐? 그럼 뭔가 없어졌니? 난 그냥 무심코 물어 본 건데. 그래, 뭘 잃어버렸니?

홍당무 : 몰라요.

르픽 부인 : 아니, 너 또 거짓말을 할 작정이로구나? 당황하지 말고 잘 생각해서 대답해 봐. 뭘 잃어버렸니? 팽이냐?

홍당무 : 네, 팽이예요. 그래요, 엄마.

르픽 부인 : '그렇지 않아요, 엄마' 겠지. 팽이는 아니야. 팽이는 지난 주에 내가 빼앗았잖니?

홍당무 : 그럼 칼이에요.

르픽 부인 : 어떤 칼? 누가 네게 칼을 주었지?

홍당무 : 아무도 주지 않았어요.

르픽 부인 : 멍청한 녀석! 이러다가는 정말 끝이 없겠다. 마치 내가 너를 미친 사람으로 몰고 있는 꼴이 아니냐. 하지만 여기는 나와 너뿐이다. 나는 너한테 친절하게 묻고 있는 거야. 엄마를 사랑하는 아들이라면 솔직하게 털어놓아 봐. 넌 틀림없이 은화를 잃었을 거다. 내가 뭘 알고 있어서 그러는 게 아니라, 아무래도 그런 것 같아서 하는 소리야. 그렇지 않다고는 말 못하겠지? 그것 봐라, 벌써부터 코가 벌름거리잖니.

홍당무 : 그래요, 그 은화는 제 것이에요. 대부 아저씨가 일요일에 주셨거든요. 잃어버려서 정말 속상해요. 마음이 아프지만 깨끗이 단념하겠어요. 별로 미련은 없어요. 은화 하나쯤은 있으나마나니까요.

르픽 부인 : 어머나, 그게 무슨 건방진 말버릇이냐? 그럼 너는 대부 아저씨의 기분 같은 건 아무래도 좋단 말이지? 그토록 너를 귀여워하지만, 그런 소리를 들으면 틀림없이 화를 낼 거야.

홍당무 : 하지만 엄마, 전 이렇게 생각하기로 했어요. 제가 좋아하는 일에 그 돈을 썼다고 말이에요. 평생 그 돈을 가지고 있을 수는 없잖아요.

르픽 부인 : 이제 그만해 둬. 뭐라고 물어 보면 아주 심각한 표정으로 대답하는 꼴이라니! 하지만 준 사람이 그렇게 해도 좋다는 말을 안했다면, 그 돈은 잃어버려서도 안 되고, 또 허락을 받지 않고는 써서도 안 되는 거야. 그런데 너는 그 돈을 잃어버렸어. 대신 내놓을 돈이 있으면 어디 내놓아 보렴. 찾아 내든 만들어 내든. 자, 빨리 가 봐. 쓸데없는 말 그만하고.

홍당무 : 알았어요, 엄마.

르픽 부인 : '알았어요, 엄마' 라는 말은 이제 그만해라. 그리고 또 말해 두겠는데, 콧노래를 하거나 이 사이로 휘파람을 불며 마부 흉내를

내면 가만 두지 않을 테다.

홍당무는 마당의 좁은 길을 어정거리고 있었다. 코가 막혀 몇 번 징징거리는 소리를 내다가 훌쩍거리기도 했다.

르픽 부인이 감시하고 있는 듯한 기색이 있으면 가만히 멈춰 섰다. 아니면 쪼그리고 앉아 손가락 끝으로 수영풀 뿌리나 잔잔한 모래를 후벼팠다. 그러다가 르픽 부인의 모습이 사라지자, 더 찾아보려고 하지도 않은 채 코를 쳐들고 다시 왔다갔다했다.

'그 은화는 대체 어디에 있는 것일까? 혹시 저 높은 나무 위의 둥지 속에 있나?'

홍당무는 은화에 대한 생각을 떨쳐 버릴 수가 없었다.

아무 생각 없이 길을 가다 보면 은화가 아니라 금화도 주울 수 있었다. 누구나 한두 번쯤은 그런 일을 경험해 보았을 것이다. 하지만 일부러 찾으려 한다면, 땅바닥을 기어다니고 무릎과 손톱이 닳도록 찾아 헤매어도 핀 하나 줍지 못할 것이 뻔했다.

홍당무는 싫증나고 가망 없는 일에 지쳐서 마침내 은화 찾는 것을 단념해 버렸다.

홍당무는 르픽 부인이 무엇을 하고 있나 알아보기 위해 집 안으로 들어가기로 작정했다. 르픽 부인도 이제 은화 따위는 잊어버렸을 것이다. 틀림없이 그 동안 마음도 가라앉아, 돈을 못 찾았다고 해도 야단치지 않을 것이다.

르픽 부인의 모습은 보이지 않았다. 홍당무는 조심스럽게 르픽 부인을 불러 보았다.

"엄마, 엄마!"

대답이 없었다. 지금 막 어디로 나갔는지 바느질 탁자의 서랍이 열려 있었다. 서랍 안에는 털실이며 바늘, 그리고 흰색, 붉은색, 검은색 실에 섞여서 은화가 몇 개 뒹굴고 있었다.

은화는 그 서랍 속에서 늙어 가는 것 같았다. 마치 잠들어 있는 것처럼 보였다. 잠이 깨는 일은 어쩌다 있을까 말까 할 것이다. 서랍을 여닫을 때마다 이 쪽 구석에서 저 쪽 구석으로 밀려 뒤섞이는 바람에 몇 개인지 제대로 헤아릴 수도 없었다.

세 개인가 하면 네 개이고, 또 여덟 개가 되기도 했다. 정확하게 알려면 아무래도 서랍을 탁자 위에 엎어 놓고 실꾸러미를 일일이 헤쳐 보지 않으면 안 되리라.

그 순간, 홍당무는 그것이 절호의 기회라는 것을 깨달았다. 중대한 일이 있을 때마다 번번이 놓쳤던 그 기회를 이번만은 잡아야겠다고 생각하며, 홍당무는 팔을 뻗쳐 은화 한 닢을 훔쳤다. 그러고는 그대로 도망쳤다.

그 자리에서 잡혔다가는 어떤 일이 일어날지 뻔했다. 따라서 홍당무는 망설임도, 후회도, 또 바느질 탁자로 되돌아가는 위험도 물리칠 수밖에 없었다.

홍당무는 쏜살같이 달아났다. 너무 무섭게 내닫다 보니 이젠 멈춰 설 수도 없었다.

마당의 좁은 길을 돌아다니다가 홍당무는 적당한 곳에 은화를 떨어뜨렸다. 그리고 발뒤축으로 힘껏 밟아서 땅바닥에 쑤셔 박았다.

잠시 후, 홍당무는 콧등으로 풀잎을 헤치며 엉금엉금 마당을 기어다녔다. 그러면서 되는 대로 동그라미를 몇 개 그렸다. 마치 눈을 가린 아이가 숨겨 놓은 물건을 찾느라고 그 둘레를 빙빙 돌아다니는 놀이와 같았다.

그 놀이에는 으레 그 옆에서 장단을 맞추는 아이가 있다. 장단을 맞추는 아이가 속이 타는 듯 다리를 두드리며 이렇게 외치면 놀이가 한층 더 재미있다.

"야, 큰일났다! 창고에 불이 붙었다. 창고에 불이 붙었어!"

홍당무 : 엄마, 엄마, 찾았어요!

르픽 부인 : 그래? 나도 찾았는데.

홍당무 : 네? 이것 보세요, 여기 있잖아요.

르픽 부인 : 여기도 있단다.

홍당무 : 좀 보여 주세요.

르픽 부인 : 네 것도 보여 주려무나.

홍당무 : (은화를 보인다)

르픽 부인 : (자기 것을 내보인다)

홍당무 : (두 개의 은화를 손에 들고 비교해 본다. 할 말을 준비한다) 이상한데요, 엄마. 엄마는 어디서 찾았지요? 전 이 좁은 길의 배나무 뿌리 근처에서 찾았어요. 찾아 낼 때까지 스무 번도 더 그 위를 밟고 다녔어요. 그랬더니 반짝이는 게 있잖아요. 처음엔 종잇조각 아니면 하얀 오랑캐꽃이라고 생각해서 주워 볼 생각도 하지 않았어요. 틀림 없이 제 주머니에서 떨어졌을 거예요. 언젠가 거기서 뒹굴며 논 적이 있거든요. 엄마, 조금 몸을 굽혀 이 약삭빠른 놈이 숨어 있던 곳을 들여다보세요. 얼마나 교묘하게 숨겨져 있었는지, 일부러 감추려고 해도 그렇게 감추기는 힘들 거예요.

르픽 부인 : 일부러 감춘 게 아니야. 네 것은 네 다른 웃옷 주머니 속에 있었으니까. 그렇게 일러도 옷을 갈아입을 때마다 주머니 속의 물건을 꺼내는 일을 잊어버리더구나. 버릇을 고쳐 주려고 본보기 삼아 찾아 내도록 한 거야. 그런데 찾으면 나온다더니, 정말 그렇구나. 이

제 네 은화는 하나가 아니라 두 개가 되었다. 큰 부자가 된 셈이지. 끝이 좋으면 모든 일이 좋다. 하지만 돈만으로는 행복해질 수가 없는 법이지.

홍당무 : 그럼 이제 놀러 가도 괜찮겠지요, 엄마?

르픽 부인 : 그래, 놀다 오너라. 하지만 어린애 같은 장난은 하지 말고. 자, 이 은화는 두 개 다 네가 가져라.

홍당무 : 아니예요, 엄마. 한 개면 돼요. 그것도 필요할 때까지 엄마가 갖고 계세요. 엄마, 그렇게 해 주시겠죠?

르픽 부인 : 아니다, 계산은 정확히 해야지. 네 은화는 네가 가져라. 대부 아저씨한테 얻은 것과 배나무 밑에서 찾은 것, 두 개 다 네 거니까. 배나무 밑의 은화 주인이 나타나지 않으면 말이다. 그런데 도대체 누가 거기에 은화를 흘려 놓았을까? 아무리 생각해 보아도 모르겠구나. 너는 짐작이 가니?

홍당무 : 저도 정말 모르겠어요. 하지만 누구든 상관 없어요. 그런 건 내일에나 생각해 보겠어요. 그럼 엄마, 잠깐 놀다 올게요.

르픽 부인 : 잠깐, 혹시 정원사의 것이 아닐까?

홍당무 : 지금 곧 물어 보고 올까요?

르픽 부인 : 아니, 여기서 나를 도와 다오. 같이 생각 좀 해 보자꾸나. 아빠는 그 나이에 돈을 떨어뜨리는 부주의한 일은 안하실 것이고, 누나는 동전만 생기면 저금통에 넣어 버리고, 형은 돈을 잃어버릴 겨를도 없어. 돈이 생기기가 무섭게 써 버리니까. 그러고 보면 혹시 내가 떨어뜨린 거 아닐까?

홍당무 : 엄마, 그럴 리가 없어요. 엄마는 무엇이든 꼼꼼하게 정돈해 놓으시잖아요.

르픽 부인 : 아무리 그래도 때로는 아이들처럼 실수를 하기도 한단

다. 좋아, 이제 곧 알게 될 테니. 걱정할 건 없어. 빨리 놀다 오너라. 하지만 너무 멀리 가면 안 된다. 그 동안에 내 바느질 탁자의 서랍을 좀 뒤져 볼 테니까.

벌써 저만큼 뛰어나갔던 홍당무가 휙 돌아섰다. 홍당무는 잠깐 머뭇거리다가 르픽 부인의 뒤를 따라갔다.
이윽고 르픽 부인을 앞질러 뛰어간 홍당무는 아무 말도 하지 않고 한 쪽 뺨을 내밀었다.

르픽 부인 : (오른손을 든다) 네가 거짓말쟁이라는 것은 알고 있었지만, 이 정도인 줄은 미처 몰랐구나. 거짓말에 또 거짓말을 덧붙이다니. 계속 그런 식으로 해 봐라. 바늘 도둑이 소도둑이 될 테니까. 그리고 마지막에는 엄마까지 잡아먹을 게다.

르픽 부인의 손이 홍당무의 얼굴에 무시무시한 기세로 떨어졌다.

자기 의견

홍당무는 르픽 씨와 펠릭스 형, 에르네스틴 누나와 함께 난롯가에서 이야기를 하고 있었다. 난로 속에서는 뿌리가 붙은 통나무가 활활 타고 있었다.
네 사람은 의자에 걸터앉아 배를 젓듯이 앞뒤로 흔들어 끽끽거리는 소리를 내고 있었다.
그들은 토론을 하고 있었다. 홍당무도 르픽 부인이 없는 틈을 타서 자기 의견을 마음껏 발표할 수 있었다.

"제 생각에는 가족이란 말이 아무런 의미가 없는 것 같아요. 하지만 제가 아빠를 사랑하고 있는 건 알고 계시지요? 그런데 그건 우리 아빠이기 때문이 아니라, 아빠가 저를 사랑해 주시기 때문에 저도 사랑하는 거예요. 사실 아빠는 우리 아빠로서의 자격은 거의 없는 편이에요. 그래서 저는 아빠의 사랑을 대단히 큰 호의라고 보고 있어요. 호의를 베풀어야 할 의무가 없는데도 아빠가 기분 좋게 선심을 쓴다고 생각하고 있는 거죠."

홍당무가 말했다.

"흐음!"

르픽 씨는 생각에 잠겼다.

"그럼 나는 어떠니?"

"나는?"

펠릭스 형과 에르네스틴 누나가 동시에 물었다.

"같은 이치야. 우연이라는 것이 두 사람을 나의 형과 누나로 만들었을 뿐인데, 그것을 내가 형이나 누나한테 고마워해야 할 까닭은 없잖아? 또 우리 세 사람이 한 집안 식구가 됐다 해서 싫어할 것도 없고. 그게 두 사람 잘못은 아니니까. 두 사람 다 그렇게 될 수밖에 없었던 거지. 그렇게 되려고 생각하지도 않았으니, 형제가 된 데 대해서 고마워할 필요도 없어. 형, 다만 형은 나를 여러 모로 보호해 주는 데 대해서, 그리고 누나, 누나는 사소한 일에까지 마음을 써 주는 데 대해서 고맙게 생각하고 있을 뿐이야."

"그래?"

펠릭스 형은 의외라는 듯 고개를 갸우뚱했다.

"어떻게 그런 생각을 해냈지?"

에르네스틴 누나도 놀란 것 같았다.

"내 말은……"

홍당무가 재빨리 덧붙였다.

"그렇게 생각할 수도 있다는 거야. 다만 부드러운 표현을 하지 않았을 뿐이지. 만일 엄마가 이 자리에 있다 해도 난 똑같은 말을 할 수 있어."

"아마 못할걸."

펠릭스 형이 말했다.

"뭐, 내 말이 잘못됐어?"

홍당무가 물었다.

"내 의견을 이상하게 받아들이지 않았으면 좋겠어. 나는 결코 사랑이 부족한 사람이 아니야. 오히려 나는 어느 누구보다도 형과 누나를 사랑하고 있다구. 하지만 내 사랑은 평범하고 본능적인 것이 아냐. 이성적이며 논리적인 사랑이지. 그래, 논리적……. 이게 바로 내가 찾고 있던, 내 마음을 잘 나타내는 단어야."

홍당무가 단호하게 말했다.

"자기 자신도 제대로 이해하지 못하는 말을 함부로 쓰는 버릇은 언제 고칠 거냐?"

르픽 씨가 벌떡 일어나 침실로 가면서 말했다.

"그 나이에 벌써 남을 설교하려는 그 버릇도 말이다. 만일 내가 돌아가신 너의 할아버지 앞에서 방금 네가 한 것과 같은 그런 헛된 소리를 조금이라도 비쳤다간 당장 매를 맞거나 뺨을 맞았을 거다. 그래서 내가 어디까지나 할아버지의 아들이라는 것을 뼈저리게 느끼게 하셨을 거야."

"심심풀이 삼아 해 본 말인데 뭐 어때요."

홍당무는 벌써 불안해져서 변명을 했다.

"잠자코 있는 것이 더 좋겠다."

르픽 씨는 이렇게 말하고 촛불을 손에 든 채 나가 버렸다. 펠릭스 형도 그 뒤를 따라 나갔다.

"그럼 안녕, 함께 사는 어린 친구야."

펠릭스 형이 나가면서 홍당무에게 말했다.

"잘 자!"

에르네스틴 누나도 일어서서 엄숙한 얼굴로 인사를 하고 나갔다.

홍당무는 눈 깜짝할 사이에 외톨이가 되어서 어쩔 줄 몰라했다.

어제 르픽 씨는 홍당무에게 모든 일을 잘 생각하는 것을 배우라고 타일렀다.

"사람들이란 무엇이냐?"

르픽 씨는 먼저 그렇게 물었다.

"이 세상에 '사람들'이라는 것은 없단다. 모든 사람이라는 말은 아무도 아니라는 것과 마찬가지지. 너는 귓전으로 얻어들은 남의 말을 마치 성경을 외우듯이 외쳐 대는구나. 조금은 자기 머리로 생각하려고 애써 보렴. 그리고 자기 생각대로 말하는 버릇을 길러 봐. 처음에는 단 한 마디라도 좋으니까 말이다."

그래서 큰마음 먹고 내놓은 첫 번째 의견이었는데, 처음부터 호되게 얻어맞은 것이었다.

홍당무는 난롯불에 재를 뿌리고는 의자를 벽 쪽으로 옮겨 놓았다. '탁탁' 하며 장작 타는 소리를 내던 난로가 곧 조용해졌다.

홍당무는 벽시계에다 절을 하고 침실로 갔다. 홍당무의 방은 헛간의 계단과 통해 있었으므로 '헛간방'이라 불리고 있었다.

여름에는 아주 시원해서 기분 좋은 방이었다. 사냥에서 잡아 온 짐승은 으레 그 방으로 갖다 놓았다. 그냥 두어도 일주일은 상하지 않았기 때문이다.

최근에 잡은 토끼가 코에서 피를 흘리며 접시에 얹혀져 있었다. 암탉에게 줄 싸라기를 가득 담은 바구니도 몇 개 놓여 있다. 홍당무는 두 팔을 걷어붙이고 팔꿈치까지 집어넣어 쉬지 않고 싸라기를 휘저었다.

어느 때는 옷걸이에 걸려 있는 온 집안 식구들의 옷이 묘한 느낌을 주기도 했다. 마치 자살한 사람들이 조심스럽게 반장화를 윗선반에 나란히 얹어 놓고 막 목을 졸라맨 것 같았던 것이다.

그런데 오늘 밤 홍당무는 전혀 무섭지 않았다. 그래서 침대 밑을 들여다보려고도 하지 않았다.

달빛에도, 그림자에도, 창문에도, 뛰어내리고 싶은 사람한테 알맞게 만들어진 것 같은 마당의 우물에도 겁을 먹지 않았다.

무섭다고 생각하면 틀림없이 무서워질 것이다. 홍당무는 이젠 무섭다고 생각하지 않기로 했다. 셔츠 하나만 입고도 바닥의 차가움을 그다지 느끼지 않는 것처럼, 발끝으로 걷는 것도 잊어버리고 침대로 갔다.

그리고 홍당무는 침대 속에서 습기로 인해 여기저기 부풀어오른 벽을 쳐다보면서, 다시 '자신의 의견'을 펼치기 시작했다. 앞으로는 자기 가슴속 깊이 간직해 두어야 하므로 '자신만의 의견'이라고 말해야겠지만.

폭풍 속의 나뭇잎

홍당무는 벌써 오래 전부터 포플러 나무를 바라보고 있었다. 공상에 잠긴 채 꼭대기의 잎이 흔들리는 것을 멍하니 보았다.

그 잎은 나무와는 떨어져 혼자 따로 살고 있는 것처럼 보였다. 줄기도 없이 자유롭게. 날마다 그 잎은 동이 틀 때, 그리고 마지막 햇살에 황금빛으로 빛났다.

정오가 가까워지면 잎은 꼼짝도 하지 않았다. 그 때가 되면 잎이라기보다는 얼룩이라는 편이 나을 것이다. 그렇게 되면 홍당무의 마음도 덩달아 어두워졌다.

바로 그 때, 그 잎이 신호를 보낸다. 그러자 그 바로 밑의 잎이 같은 신호를 한다. 다른 잎도 이 몸짓을 되풀이하며 그것을 옆의 잎에 전한다. 그 잎이 얼른 또다른 잎에 전한다. 이렇게 하여 그 신호는 잎사귀 전체로 퍼져 나갔다.

그것은 마치 경보음과도 같았다. 왜냐하면 지평선에 둥그스름한 납빛 모자가 모습을 나타냈기 때문이다.

포플러 나무는 벌써 떨고 있었다. 몸을 움직여서 방해가 되는 묵직한 공기층을 밀쳐 내려고 했다.

포플러 나무의 불안은 옆에 있는 느티나무며 참갈나무며 마로니에 나무로 전해졌다. 그리하여 마침내 온 뜰 안의 나무가 떨면서 서로 속삭였다. 하늘에 그 둥근 모자가 펼쳐지며 이 쪽으로 몰려온다고…….

맨 먼저 나무들은 가느다란 나뭇가지를 흔들어서 새들로 하여금 노래를 멈추게 했다. 날완두콩을 던지는 것같이 변덕스러운 목소리로 노래를 부르던 지빠귀, 목구멍에 페인트 칠이라도 한 것처럼 꾸르륵꾸르륵 울음소리를 짜내던 산비둘기, 게다가 연미복 같은 꼬리를 달고 있는 까치까지 일제히 숨을 죽였다.

이윽고 나무들은 굵직한 팔을 휘둘러서 적에게 겁을 주려고 했다. 하지만 납빛의 둥근 모자는 두려워하지 않고 여전히 서서히 쳐들어오고 있었다.

둥근 모자는 차츰차츰 하늘을 덮었다. 그러자 하늘은 푸른색을 잃고 잿빛으로 변해 갔다. 그렇게 둥근 모자가 공기 통하는 구멍 하나 없이 하늘을 막아 가자, 홍당무는 숨통이 막히는 것 같았다.

모자는 이따금씩 자신의 무게 때문에 휘청거리며 마을 위로 떨어질 것 같아 보였다. 그런 상태로 종각의 뾰족한 끝에 이르자, 걸려서 찢길까 봐 얼른 멈춰 섰다.

먹구름은 벌써 가까이 다가와 있었다. 누가 건드리지 않아도 그대로 터져 버릴 것 같았다. 이제 나무란 나무는 모두 얽히고설켜서 성난 가지를 서로 비벼 대고 있었다.

홍당무는 그 잎사귀 속에 둥근 눈에 하얀 부리를 가진 새의 둥우리가 많이 있을 것이라고 생각했다.

나뭇가지가 갑자기 축 늘어지는 듯싶더니, 곧 잠이 깬 사람의 머리처럼 번쩍 들렸다. 그때마다 나뭇잎들은 떼를 지어 날아갔다가 이내 얌전하게 되돌아오곤 했다. 그리고 본래의 나무에 매달리려고 했다.

가느다란 아카시아 잎은 한숨을 짓고, 껍질을 벗은 벚나무의 잎들은 애처로운 소리를 내고 있다.

마로니에의 잎들은 휘파람 같은 소리를 내고, 덩굴진 아리스톨로시 잎들은 벽에 붙은 채 차례차례로 나부끼며 파도처럼 출렁거렸다.

조금 아래쪽에서는 무성한 사과나무가 흔들리고 있었다. 그때마다 사과가 땅바닥에 떨어졌으며, 그와 동시에 둔탁한 소리가 울렸다.

훨씬 더 낮은 곳에서는 구스베리 나무가 빨간 핏방울을, 검은 구스베리 나무가 잉크 빛의 시커먼 핏방울을 흘리고 있었다.

그보다 더 낮은 곳에서는 주정꾼 같은 양배추가 당나귀처럼 귀를 흔들고 있었다. 또 상기된 양파가 서로 부딪치면서 씨앗으로 불룩한 둥근 머리를 터뜨리고 있었다.

홍당무는 나무들이 그러는 까닭을 알 수 없었다. 왜 그럴까? 도대체 어째서 이런 일이 일어날까?

천둥도 치지 않고 우박도 내리지 않는다. 또 번갯불도 번쩍이지 않고 비 한 방울 내리지 않는다.

그런데 그 시커먼 하늘이, 대낮에 갑자기 밀어닥친 소리 없는 어둠이 주위의 초목을 미치게 하고 홍당무를 겁먹게 하고 있다.

이제 둥근 모자는 해를 완전히 뒤덮었다. 그러고도 움직임을 그치지 않았다.

홍당무는 먹구름이 미끄러지듯 서서히 움직이고 있다는 것을 알고 있다. 그러므로 아무리 거대한 먹구름이라 해도 언젠가는 지나가고 말 것이다. 그 때가 되면 초목이나 홍당무는 다시 해를 볼 수 있을 것이다.

먹구름은 하늘을 가득 메우고 있다. 그리고 홍당무의 작은 이마를 힘껏 죄었다. 홍당무는 눈을 감았다. 그러자 먹구름은 이번엔 홍당무의 눈까풀을 따갑게 눌러 왔다.

홍당무는 양쪽 귀를 엄지손가락으로 틀어막고 나머지 손가락으로는 눈을 가렸다. 폭풍이 회오리바람을 일으키며 홍당무의 몸 안으로 파고들었다. 그리고 그의 심장을 마구 쥐어짜서 자그마하게 뭉쳐 버렸다.

얼마 안 되어, 홍당무의 심장은 눈깔사탕 정도로 줄어들었다.

반 항

르픽 부인 : 홍당무, 착하지? 물방앗간에 가서 버터 한 파운드만 사다 다오. 빨리 갔다 와야 한다. 네가 올 때까지 식사를 안하고 기다리고 있을 테니까.
홍당무 : 싫어요, 엄마.
르픽 부인 : 왜 또 싫다고 하니? 어서 갔다 오너라. 자, 기다릴게…….
홍당무 : 싫단 말이에요, 엄마. 나는 물방앗간에는 절대 안 가요.
르픽 부인 : 뭐라고? 물방앗간에는 절대 안 가겠다니, 그게 무슨 소리

냐? 너 지금 누가 부탁하고 있는지 아니? 혹시 농담을 하는 거냐?

홍당무 : 그렇지 않아요.

르픽 부인 : 세상에, 어쩌면 이런 일이! 홍당무, 나는 뭐가 뭔지 모르겠구나. 당장 물방앗간에 가서 버터 한 파운드 못 사오겠니?

홍당무 : 소리 지르지 않아도 잘 들려요. 하지만 난 안 갈래요.

르픽 부인 : 내가 꿈을 꾸고 있나? 이게 대체 어떻게 된 거냐? 네가 내 말을 안 듣겠다니! 너 지금까지 이런 적이 한번도 없었잖아.

홍당무 : 그래요, 엄마.

르픽 부인 : 그러니까 엄마 말을 안 듣겠다는 거지?

홍당무 : 그래요, 엄마.

르픽 부인 : 이거 정말 놀라 자빠질 일이로구나! 홍당무, 다시 한 번 말하는데, 냉큼 갔다 오지 못해!

홍당무 : 싫다구요.

르픽 부인 : 시끄러워! 빨리 갔다 오라면 갔다 와.

홍당무 : 시끄러우면 입 다물겠어요. 하지만 난 안 가요.

르픽 부인 : 이 접시를 가지고 갔다 오라니까!

홍당무는 입을 다문 채 여전히 꼼짝도 하지 않았다.

"이건 혁명이로구나!"

르픽 부인이 계단 위에서 두 팔을 번쩍 들고 소리쳤다.

사실 홍당무가 르픽 부인의 부탁에 대해 '싫어요!' 하고 거절한 것은 이번이 처음이었다. 더구나 무슨 일을 열심히 하고 있는데 방해를 했다거나, 한창 재미있게 놀고 있는 중이라면 또 모르지만!

지금 홍당무는 땅바닥에 주저앉아 두 엄지손가락을 빙빙 돌리고 있는 중이었다. 누가 보아도 심심해서 못 견디겠다는 몸짓이었다. 그런데도 내가 무슨 상관이냐는 듯이 지그시 눈을 감고 있었다. 그러다가 느닷없

이 거만한 태도로 얼굴을 번쩍 쳐들고 르픽 부인을 빤히 쳐다보았다.

르픽 부인은 분해서 어쩔 줄 몰라하며 도움을 얻으려는 듯이 마구 소리쳐 가족들을 불렀다.

"에르네스틴, 펠릭스, 괴상한 일이 일어났다! 아빠와 함께 나와 봐라. 아가트도 오너라. 보고 싶은 사람은 누구든지 와서 보렴!"

그 바람에 마침 큰길을 지나가던 사람들까지 몰려왔다.

홍당무는 모두에게서 뚝 떨어져 마당 한가운데 앉아 있었다.

눈앞에 위험이 닥쳐오는데도 전혀 두려워하지 않는 데 대해 홍당무 자신도 놀라고 있었다. 그런데 더욱 놀라운 일은 르픽 부인이 때리는 걸 잊어버렸다는 것이었다. 너무 황당한 일을 당하는 바람에 르픽 부인 자신도 미처 때릴 생각을 못하고 있는 것이리라.

새빨간 칼날처럼 불타고 있는 홍당무의 눈초리에 여느 때의 위협도

단념할 수밖에 없는 모양이었다. 아무리 잠자코 있으려 애를 써도 르픽 부인의 입은 저절로 벌어졌다. 가슴속에 치밀어오르는 분노를 억누를 수가 없었던 것이다. 마침내 그 분노는 씩씩 소리를 내며 밖으로 터져 나왔다.

"여러분, 내 말 좀 들어 보세요! 난 그저 홍당무한테 잠깐 심부름을 갔다 오라고 상냥하게 부탁했을 뿐이에요. 산책삼아 물방앗간까지 갔다 오라고 말이에요. 그랬더니 저 애가 뭐라고 대답했는지 아세요? 한번 직접 물어 보세요. 그렇지 않으면 마치 내가 꾸며 대는 걸로 생각하실 테니까요."

르픽 부인이 말했다.

그러나 아무도 물어 보는 사람이 없었다. 홍당무의 태도로 미루어 짐작컨대, 새삼스럽게 대답을 되풀이시킬 필요가 없었기 때문이다.

마음씨 착한 에르네스틴 누나가 다가와서 홍당무에게 귀띔했다.

"조심하는 게 좋아. 이러다 혼나면 어쩔래? 얼른 '네' 하고 대답해. 너를 사랑하는 누나가 시키는 일이니 제발 들어."

펠릭스 형은 구경거리라도 생긴 듯 신나하는 표정이었다. 누가 와도 자기 자리는 내주지 않을 생각이었다. 앞으로 홍당무가 게으름을 피우게 되면, 심부름의 일부는 당연히 형인 자기가 하게 된다는 사실은 미처 생각지 못하고 있는 것이다.

펠릭스 형은 홍당무를 응원하고 싶었다. 이제까지는 동생을 얕잡아 보고 바보 취급을 했었다. 그러나 르픽 부인에게 반항하는 모습을 보니, 자기와 엇비슷한 위치에 있는 것으로 여겨져 그런 마음이 싹 가셨다. 오히려 존경심까지 생겨 마음속으로 손뼉을 치고 있었다.

"세상이 뒤집혔어요! 말세가 된 거라구요! 이젠 내 힘으로는 벅차서 도저히 어쩔 수가 없군요. 난 그만 들어가야겠어요. 누가 저 짐승 같은 아이를 좀 타일러 보세요. 아들과 아버지가 서로 얘기를 해서 해결을 짓든지!"

르픽 부인이 놀란 가슴을 진정시키지 못하고 말했다.

"아빠!"

흥분할 대로 흥분한 홍당무가 쉰 듯한 목소리로 르픽 씨를 불렀다. 지금까지 한번도 르픽 부인에게 반항한 적이 없었던 터라 잔뜩 긴장하고 있었다.

"아빠가 물방앗간까지 가서 버터를 한 파운드 사 가지고 오라고 하면, 난 두말 하지 않고 가서 사 오겠어요. 아빠를 위해서라면, 오직 아빠를 위해서라면 말이에요. 하지만 엄마를 위해서라면 난 절대로 가지 않겠어요."

홍당무가 사랑이 담긴 눈길로 르픽 씨를 바라보며 말했다. 그러나 르픽 씨로서는 홍당무의 그런 반응이 기분 좋다기보다는 오히려 난처했다. 기껏 버터 한 파운드 사는 것쯤으로 아버지의 위신을 세운다는 것은 정말 괴로운 일이었다.

르픽 씨는 너무도 어색해서 잠깐 마당을 서성거렸다. 그러다가 어깨를 움츠리고 홱 돌아서더니 얼른 집 안으로 들어가 버리고 말았다.

사건은 그것으로 일단 중단되었다.

최후의 선언

르픽 부인은 기분이 언짢아서 저녁때까지 누워 있었으므로, 식사하러 나타나지 않았다.

나머지 식구들은 모두 잠자코 식사를 했다. 식탁에서 말을 하지 않는 것은 르픽 씨 집안의 오랜 습관이기도 하지만, 그 날은 서로가 몹시 거북했던 것이다.

식사가 끝나자, 르픽 씨는 냅킨을 접어 테이블 위에 놓았다. 그리고 자리에서 일어나 잠시 그대로 서 있다가 불쑥 말했다.

"큰길 언덕까지 산책을 할 텐데, 누구 같이 안 갈래?"

홍당무는 르픽 씨가 그런 방법으로 자기를 데리고 나가려는 것을 눈치챘다. 그래서 얼른 일어섰다.

홍당무는 여느 때처럼 의자를 벽가로 옮겨 놓고 얌전하게 르픽 씨를 따라나섰다. 처음에는 르픽 씨나 홍당무나 아무 말도 하지 않았다. 틀림없이 무엇인가 할 말이 있어서 홍당무를 데리고 나왔을 텐데, 르픽 씨는 한참 동안 그저 조용히 걸음을 옮기는 데 열중했다.

그러는 동안 홍당무는 르픽 씨가 무슨 말을 물을지, 또 어떻게 대답해야 할지 그것을 머릿속에서 이모저모로 궁리했다. 르픽 부인과의 일에 대해 물을 것이 틀림없었다.

　얼마 안 되어 홍당무는 마음의 준비를 끝냈다. 다소 괴로웠지만 후회는 없었다. 낮에 그토록 엄청난 사건을 겪었기 때문에 더 이상 두려운 것은 없었다. 무엇인가 결심한 듯한 아버지의 말투에 홍당무는 오히려 마음이 놓였다.

르픽 씨 : 뭘 생각하고 있니? 엄마에게 큰 충격을 준 아까의 행동은 어떻게 된 일이냐? 까닭을 말해 보려무나.

홍당무 : 아빠, 전 오랫동안 망설이고 있었는데, 이젠 분명히 해 둬야겠어요. 솔직히 말해서 전 엄마가 싫어요.

르픽 씨 : 흐음! 그래, 어떤 점이, 언제부터?

홍당무 : 엄마의 모든 것이 싫어요. 아주 오래 전부터 그랬어요.

르픽 씨 : 흐음! 그거 참, 야단났구나. 하지만 나한테만은 엄마가 너에게 어떻게 했는지 말해 다오.

홍당무 : 이야기하려면 끝없이 길어져요. 그런데 정말 아빠는 아무것도 모르고 있었나요?

르픽 씨 : 눈치는 챘지. 네가 토라져 있는 것을 자주 보았으니까.

홍당무 : 토라져 있었다는 말을 들으니까 더 화가 나는데요. 그야 홍당무라는 아이는 진심으로 남을 원망하지는 못해요. 다만 토라져 보일 뿐이지요. 그러니까 토라졌을 때는 그대로 내버려 두면 되는 거예요. 토라질 만큼 토라지고 나면, 마음이 풀려 다시 명랑한 얼굴로 구석에서 나오는 거예요. 특별히 관심을 가진 척하지 않아도 괜찮아요. 하지만 저도 가슴 깊은 곳에서 참을 수 없이 분노가 들끓을 때가 있어요. 지나칠 정도로 심한 모욕을 받았을 경우지요. 그런 모욕은 절대로 잊을 수가 없어요. 아빠, 미안해요.

르픽 씨 : 그러면 못 써. 남에게 아무리 심한 모욕을 받았더라도 곧 잊어버려야 하는 거야.

홍당무 : 그게 안 돼요, 정말 안 돼요. 아빠는 잘 몰라요. 집에 잘 안 계시니까요.

르픽 씨 : 사업 관계로 자주 여행을 다니다 보니 그렇게 됐구나.

홍당무 : (흥분된 말투로) 아빠, 아빠 머릿속은 온통 사업 걱정으로 가득 차 있어요. 하지만 엄마는…….이제 이렇게 된 이상 모두 말할 게요. 엄마는 저를 때리는 것말고는 화풀이할 데가 없는 거예요. 절 때리는 게 엄마 취미예요. 그것이 아빠 때문이라고는 말하지 않겠어요. 그렇다고 스파이처럼 아빠한테 일일이 일러바칠 수도 없고. 물론 일러바치면 아빠는 꼭 제 편이 되어 주시겠지만 말이에요. 그럼 지난 일부터 이야기를 해 볼까요? 제가 허풍을 떠는 건지, 또 어느 정도나 기억하고 있는지 알아채실 테니까요. 하지만 아빠, 우선 의논할 일이 있어요. 저는 엄마하고 헤어져 살고 싶어요. 어떻게 하면 간단히 그렇게 할 수 있을까요?

르픽 씨 : 일년에 두 달, 방학 때만 만날 뿐인데, 그것도 싫으냐?

홍당무 : 네. 그러니까 방학 때도 기숙사에 있게 해 주시면 좋겠어요. 그러면 틀림없이 성적도 오를 거예요.

르픽 씨 : 그건 가난한 학생들에게만 주어지는 특전이야. 네가 방학 때도 기숙사에 남아 있으면 세상 사람들은 내가 너를 버린 것으로 생각할 거야. 그러니까 너 자신만 생각해서는 안 돼. 또 그렇게 되면 나도 너와 만나지 못하잖니?

홍당무 : 아빠가 찾아오시면 되잖아요.

르픽 씨 : 그런 여행을 하게 되면 돈이 너무 들어서 감당해 낼 수 없단다, 홍당무.

홍당무 : 사업 때문에 그 곳을 지날 때 들르시면 되잖아요. 조금 돌아서 오실 수도 있고…….

르픽 씨 : 안 돼. 나는 지금까지 너를 네 형이나 누나와 똑같이 대해 왔다. 누굴 더 특별히 대우한다든가 하는 일은 결코 안했다. 앞으로도 그렇게 할 작정이고.

홍당무 : 그렇다면 학교를 그만두겠어요. 기숙사에서도 나와 버리고요. 돈이 너무 많이 든다는 핑계를 대고 말이에요. 그렇게 되면 뭔가 일거리를 구해야겠지요.

르픽 씨 : 무슨 일거리? 이를테면 구둣방에라도 들어가겠다는 거냐?

홍당무 : 구둣방이건 어디건 다 좋아요. 그렇게 되면 먹을 것 걱정 없이, 또 자유롭게 지낼 수 있을 테니까요.

르픽 씨 : 이미 때가 늦었다, 홍당무. 아빠는 구두 바닥에 못을 치게 하기 위해서 너를 교육시키느라 큰 희생을 치른 건 아니야.

홍당무 : 하지만 아빠, 전 자살할 뻔했던 일도 있어요.

르픽 씨 : 너무 허풍 떨지 말아라, 홍당무.

홍당무 : 정말이에요, 아빠. 어제만 해도 저는 목을 매려고 했었어요.

르픽 씨 : 하지만 넌 멀쩡하잖니? 그러니 그런 생각은 안한 것이나 마찬가지야. 그런데도 자살을 하려다가 그만두었다고 잘난 척 으스대고 있구나. 죽고 싶은 건 자기뿐이라고 생각하고 있는 모양이지? 홍당무, 세상에는 죽고 싶은 사람 천지란다. 너는 너 편한 대로만 생각하고 있어. 이 세상에 오직 너 혼자만 있다고 생각하는 거야. 하지만 너무 멋대로 생각하고 행동하면 자신을 그르치게 되고 마는 법이다.

홍당무 : 그렇지만 아빠, 형이나 누나는 행복해요. 엄마는 저만 못살게 구는 거예요. 아빠 말처럼 엄마가 재미삼아 나를 놀리는 게 아니라면, 어째서 그런 짓을 하는지 도무지 이해할 수가 없어요. 그리고

아빠, 아빠는 우리 집 가장이기 때문에 모두들 쩔쩔매죠? 엄마까지도 말예요. 그러니 아무도 아빠를 불행하게 하지는 못해요. 그게 바로 이 세상에는 행복한 사람도 있다는 증거지요. 그리고 저도 그 사람들처럼 행복하고 싶단 말이에요.

르픽 씨 : 이 고집쟁이 꼬마 홍당무야, 너는 좁은 소견으로 말도 안 되는 소리만 늘어놓고 있어. 너는 사람들 마음을 전부 알 수 있니? 네 나이에 모든 세상일을 다 안다고 생각하는 거냐?

홍당무 : 아빠, 저는 적어도 저 자신에 대해서는 알고 있어요. 그리고 또 알려고 노력하고 있어요.

르픽 씨 : 그렇다면 잘 알겠구나. 홍당무, 행복 같은 건 아예 단념해라! 알겠니? 일러두는데, 넌 절대로 지금보다 더 행복해질 수는 없을 거야. 그런 일은 결코 일어나지 않는단 말이야.

홍당무 : 그렇지 않을 거예요.

르픽 씨 : 단념하라니까. 그 대신 네 마음을 갑옷으로 단단히 무장하는 거야. 어른이 되어 자신을 스스로 다스려서 자유를 얻게 될 때까지 말이다. 그 때가 되면 넌 우리와 인연을 끊고, 비록 네 성격이나 기질은 바꾸지 못한다 할지라도 집을 바꾸어서 새 가정을 만들 수는 있지. 그 때까지는 그냥 떳떳하게 행동하도록 해라. 너무 신경을 곤두세우지 말고 다른 사람들이 살아가는 모습을 잘 살펴보아라. 식구들까지도 말이다. 아마 재미있을 거다. 생각지도 못한 기분 전환의 기회를 잡을 수 있을 거야.

홍당무 : 그야 물론 다른 사람도 나름대로는 여러 가지 고민이 있을 거라고 생각해요. 하지만 그런 사람들을 동정하는 것은 먼 훗날의 일이에요. 지금 당장은 저 자신을 위하는 것만으로도 너무 벅차요. 아무리 나쁜 운명을 타고났다 해도 저보다는 나을 거예요. 저한테는 엄마

가 있어요. 그런데 그 엄마는 저를 사랑하지 않고, 저 역시 마찬가지로 엄마를 싫어해요.

"그럼 나는 네 엄마를 사랑하고 있는 줄 아니?"
참다 못해 르픽 씨가 퉁명스럽게 말했다.
그 말에 홍당무는 깜짝 놀라 눈을 들었다. 그리고 수염이 더부룩한 르픽 씨의 무뚝뚝한 얼굴을 오랫동안 뚫어지게 쳐다보았다. 그 수염 속에 입이 너무 지껄인 것을 수줍어하는 듯 숨어 버렸다. 르픽 씨는 주름진 이마에 눈꺼풀이 축 늘어져, 걸어가면서 졸고 있는 것 같았다.
홍당무는 한동안 말문이 막혀 잠자코 있었다. 지금 가슴속에서 솟구쳐 오르는 남모를 기쁨과, 힘껏 마주 잡고 절대로 놓지 않으려는 듯한 아버지와 아들의 손, 이런 것이 모두 날아가 버리지나 않을까 걱정스럽기만 했다. 이윽고 홍당무는 멀리 어둠 속에서 고요히 잠든 마을을 향해 불끈 쥔 주먹을 쳐들고 을러댔다. 그리고 큰 소리로 외쳤다.
"심술궂은 여편네! 인정머리 없는 여편네! 난 정말 싫어!"
"그만둬라! 그래도 네 엄마가 아니냐?"
르픽 씨가 말했다.
"아아!"
홍당무는 얼른 주먹을 내리고, 보통의 아이로 되돌아가서 조심스럽게 말했다.
"그렇다고 꼭 우리 엄마한테 한 말은 아니에요."

홍당무의 앨범

만일 르픽 씨네 가족 앨범을 들춰 본 사람이라면 틀림없이 놀라리라.

에르네스틴 누나와 펠릭스 형의 사진은 참으로 다양했다. 서 있는 모습, 앉아 있는 모습, 좋은 옷을 입고 있는 모습, 반나체로 있는 모습, 찡그린 모습, 환하게 웃는 모습 등 저마다 온갖 자세, 온갖 형태로 멋진 배경 속에 찍혀 있었다.

"그런데 홍당무 사진은 별로 없군요."

누군가 그렇게 물어 보면, 르픽 부인이 시치미를 떼고 대답했다.

"아주 어렸을 때 사진은 몇 장 있었는데, 너무 귀여워서 사람들이 모두 가져가 버렸어요. 그러다 보니 한 장도 남아 있는 게 없어요."

하지만 사실은 홍당무는 한 번도 사진을 찍은 적이 없었다.

홍당무의 본명이 무엇인지 알고 싶어 하는 사람은 거의 없었다. 가족들조차 언제나 홍당무라고만 불렀으므로 본명을 부르려 해도 좀처럼 생각이 나지 않을 정도였다.

"왜 하필이면 홍당무라고 부르지요? 머리카락이 불그스름하기 때문인가요?"

누군가 그렇게 물으면, 르픽 부인이 대답했다.

"성격은 훨씬 더 불그스름하답니다."

그 밖에 홍당무의 개인적인 특징은 다음과 같다.

홍당무의 얼굴은 아무리 보아도 호감을 살 만한 것이 못 되었다.

홍당무의 콧구멍은 마치 두더지 굴처럼 크고도 깊다.

홍당무의 귀에는 아무리 후벼 주어도 언제나 빵부스러기 같은 귓밥이 잔뜩 들어 있다.

홍당무는 눈이 오면 혓바닥 위에 얹어 놓고는 쭉쭉 빨면서 녹인다.

홍당무는 발뒤꿈치를 서로 부딪치면서 볼썽사납게 걷는다. 마치 난쟁이처럼.

홍당무의 목에는 언제나 퍼런 때가 끼어 있다. 마치 목걸이라도 한 것처럼.

게다가 홍당무의 몸에서는 항상 퀴퀴한 냄새가 난다. 절대로 사향 냄새는 아니다.

홍당무는 식구들 가운데서 가장 빨리 일어났다. 하녀 아가트와 같은 시간에 일어나는 것이다. 겨울에는 미처 날이 밝기도 전에 침대에서 뛰어내렸다. 그러므로 시계는 손으로 보아야 했다. 손가락으로 시곗바늘을 더듬어 보는 것이다.

그리고 커피가 나오든 코코아가 나오든 무엇이든 닥치는 대로 얼른 입에 집어넣었다.

누군가에게 소개를 하면, 홍당무는 얼굴을 돌린 채 손을 앞으로 내밀었다. 그리고 따분하다는 듯 다리를 꼬고는 옆벽을 긁어 댔다.

그때 "키스해 주겠니, 홍당무?" 하고 말하면 이렇게 대답한다.

"싫어요! 그럴 필요는 없어요!"

르픽 부인 : 홍당무, 대답 좀 해라. 너를 부르고 있잖니.

홍당무 : 네, 아빠(네, 엄마).

르픽 부인 : 그렇게 타일렀는데도. 애들은 입에 뭘 잔뜩 넣고 말해서는 안 된다고 말이야.

홍당무는 주머니에 손을 넣지 않고는 못 배긴다. 르픽 부인이 가까이 오면 급히 손을 빼지만, 그래도 미처 못 뺄 때가 있다.

어느 날, 참다 못한 르픽 부인은 홍당무의 두 손을 넣은 채 주머니를 꿰매고 말았다.

"어떤 일을 당하더라도 거짓말만은 결코 해선 안 된다."
대부가 상냥하게 말한다.
"그건 천한 결점이야. 더욱이 거짓말을 해 봐야 아무 소용도 없단다. 반드시 드러나거든."
"네."
홍당무가 말한다.
"하지만 시간은 벌 수 있어요."

게으름뱅이 형 펠릭스가 간신히 학교를 졸업했다.
기지개를 켜며 홀가분한 듯이 숨을 내쉬고 있다.
"너는 뭘 좋아하지?"
르픽 씨가 묻는다.
"너의 일생을 정해야 할 나이다. 뭘 할 작정이냐?"
"뭐라구요? 또 뭔가 해야 하나요?"
형 펠릭스가 묻는다.

모두 여자에 대해 이야기하고 있다.
베르트 양이 소문의 대상이다.
"베르트 아가씨는 파란 눈이기 때문에……."
홍당무가 말했다.
모두들 감탄하여 소리친다.
"멋지다, 멋져! 정말 멋진 시인이야!"

"아니야."

홍당무가 대답한다.

"그 아가씨의 눈은 보지도 않았어. 아무 생각 없이 말했을 뿐이야. 상식적인 말이지. 듣기 좋게 꾸며 댄 말이라구."

눈싸움을 할 때면 홍당무는 혼자서 한쪽을 맡는다. 상대편에게는 무서운 적이다.

그의 소문은 멀리까지 파다하게 퍼져 있다. 눈 속에 돌을 넣어 던지기 때문이다.

언제나 머리를 노린다. 그렇게 하는 것이 승부가 빠르다.

얼음이 얼어 다른 아이들이 미끄럼을 타고 있어도, 청개구리인 홍당무는 뚝 떨어져 얼음판 옆의 풀밭에 조그마한 빙판을 만든다.

말타기 놀이를 할 때면 언제나 자기가 말이 되겠다고 우긴다.

붙들기 놀이를 할 때는 얼마든지 붙잡혀 준다.

또 숨바꼭질을 할 때는 너무 꼭꼭 숨기 때문에 마침내는 모두가 그를 찾는 것을 잊어버리고 만다.

아이들이 키자랑을 하고 있다.

형 펠릭스와 경쟁이 안 될 것은 뻔하다. 그는 두 아이들보다 머리 하나는 더 크다. 그러나 홍당무와 누나 에르네스틴은 재어 보지 않으면 잘 모른다. 에르네스틴은 얄밉게도 발끝으로 서서 키를 높인다. 그런데 홍당무 쪽은 누구의 비위도 거스르고 싶지 않아 살짝 몸을 굽힌다.

누나와 자기의 키 차이를 조금이라도 더 나게 하기 위해서이다.

홍당무는 하녀 아가트에게 이렇게 충고한다.

"마님한테 잘 보이고 싶으면 내 욕을 하면 돼."

하지만 거기에도 정도가 있다.

르픽 부인은 다른 여자가 홍당무를 건드리는 것은 도저히 참지 못했기 때문이다.

이웃의 어떤 여자가 홍당무를 혼내 준 일이 있다. 르픽 부인은 달려가서 아들을 구해 준다. 아들은 감격스러워 밝은 얼굴이 되지만, 곧 르픽 부인은 이렇게 말한다.

"자, 이번에는 내가 너를 혼내 줄 차례다."

"어리광을 부린다는 건 어떤 거지?"

홍당무가 피에르에게 묻는다. 피에르는 엄마의 귀염둥이다.

그러자 피에르가 큰 소리로 말한다.

"나는 딱 한 번만이라도 좋으니 감자 튀김을 접시에서 손가락으로 듬뿍 집어먹어 보고 싶어. 그리고 복숭아를 절반쯤 씨가 붙어 있는 그대로 먹어 봤으면 좋겠어."

홍당무는 속으로 생각해 본다.

'만일 엄마가 깨물어 먹고 싶도록 나를 귀여워한다면, 틀림없이 불쑥 나온 이 코부터 먹기 시작하겠지.'

누나 에르네스틴과 형 펠릭스는 놀다가 싫증이 나면, 가끔 자기 장난감을 선선히 홍당무에게 빌려 준다.

이래서 누나와 형의 행복을 살짝 맛보게 된 홍당무는 조심스럽게 행복을 꾸며 본다.

그러나 홍당무는 장난이 즐거워서 못 견디겠다는 얼굴은 절대로 보이지 않는다. 장난감을 되돌려 달라는 말이 나오면 곤란하기 때문이다.

홍당무 : 그럼 내 귀가 너무 길다고는 생각하지 않는 거지?

마틸드 : 좀 이상한 것 같긴 해. 이리 좀 와 봐. 그 귀에 모래를 넣어서 '파이'를 만들고 싶어.

홍당무 : 엄마가 먼저 귀를 당겨서 뜨겁게 열을 내놓으면 반죽한 파이도 잘 익을 거야.

"그만두지 못하겠니? 한 번만 더 말해 봐라. 그럼 너는 나보다 아빠가 더 좋단 말이지?"

르픽 부인은 가끔 이렇게 말한다.

"곧 그만두겠어요. 이젠 아무 말도 안하겠어요. 맹세하지만 어느 쪽이 어느 쪽보다 더 좋다는 생각은 절대로 없어요."

마음 깊은 곳에서 나오는 것 같은 목소리로 홍당무는 대답한다.

르픽 부인 : 홍당무, 뭘 하고 있니?

홍당무 : 몰라요, 엄마.

르픽 부인 : 그럼 또 보나마나 바보짓을 하고 있었구나. 일부러 그런 짓을 하는 거지?

홍당무 : 전 그렇게 나쁜 아이는 아니에요.

엄마가 자기를 보고 웃고 있다고 생각한 홍당무는 흐뭇해서 자기도 미소짓는다. 그런데 르픽 부인은 막연하게 혼자서 빙글빙글 웃고 있던 참이었다. 그러다가 별안간 그 얼굴이 검은 구즈베리 나무의 열매 같은 어두운 눈을 한 음흉한 얼굴로 바뀐다.

홍당무는 어리둥절해져서 쥐구멍을 찾는다.

"홍당무, 소리 내지 않고 얌전하게 웃을 수는 없니? 그리고 울 때는 왜 우는지 그 까닭을 알아야 해."

르픽 부인이 말한다. 또 이렇게도 말한다.

"어쩌면 좋지? 이 아이는 뺨을 아무리 때려도 눈물 한 방울 흘린 적이 없으니 말이야."

르픽 부인은 또 이렇게도 말한다.

"어딘가에 더러운 것이 묻어 있거나 길바닥에 똥이 떨어져 있으면, 그 아이는 꼭 그런 것을 묻혀 온다니까. 아무튼 고집쟁이여서, 뭔가 생각하면 끝내 거기서 헤어나질 못한단 말이야. 게다가 자존심은 강해서, 남의 관심을 끌기 위해서라면 자살이라도 할 거예요."

사실 홍당무는 양동이에 찬물을 가득 부어 넣고 자살하려고 한다.
양동이 속에 코와 입을 용감하게 담근 채 가만히 있는다.
바로 그 때 귓바퀴를 후려갈기는 손이 있어 양동이가 구두 위에 뒤집혔다. 하지만 그 덕분에 홍당무는 목숨을 건진다.

이따금씩 르픽 부인은 홍당무를 가리켜 이렇게 말한다.

"그앤 나를 닮아서 악의라곤 통 없어요. 심술궂다기보다는 바보스럽지요. 아주 느림보라서 눈에 띌 만한 짓은 못해요."
또 어떤 때는 이렇게 생각하며 기뻐하기도 한다. '만일 그 아이가 별일 없이 잘 자라기만 하면 끝내는 큰 부자가 될 것'이라고.

'만일,' 홍당무는 공상에 잠긴다.
'펠릭스 형이 선물받은 것과 같은 목마를 나도 받게 된다면, 나는 그 목마를 타고 도망쳐 버릴 거야.'

밖에 나가면 홍당무는 휘파람을 분다. 아무것도 무서울 것이 없다는 마음이다. 그러나 뒤따라오는 르픽 부인의 모습을 보자 휘파람을 딱 그친다. 너무도 애처로운 이야기이다. 마치 어머니가 홍당무의 입 안에 있는 싸구려 피리를 부수기라도 한 것 같다. 어머니가 별안간 나타나면 나오려던 딸꾹질이 딱 멎어 버리는 것 또한 사실이다.

홍당무는 아버지와 어머니의 연락병 구실을 한다. 르픽 씨가 이렇게 말한다.
"홍당무, 이 단추가 하나 떨어졌구나……."
홍당무는 셔츠를 르픽 부인한테 가지고 간다.
그러면 부인은 '이상한 아이로구나. 네 명령은 안 듣겠다.' 하면서도 반짇고리를 꺼내어 단추를 단다.

"만일 아빠가 살아 있지 않다면,"
큰 소리로 르픽 부인이 말한다.
"아득한 옛날에 너한테 혼이 났을 게다. 너는 이 칼로 내 심장을 찔렀을 테고, 나는 틀림없이 거리를 헤맸을 거야!"
"코를 푸는구나!"
쉬지 않고 르픽 부인이 말한다.
홍당무는 줄곧 손수건 가장자리로 코를 푼다. 그러나 어쩌다가 잘못 풀고는 콧물이 보이지 않게 다시 접는다.
감기에 걸리면 르픽 부인은 언제나 홍당무의 얼굴에 친절하게 초를 발라 준다. 너무 많이 바르기 때문에 에르네스틴과 펠릭스가 샘을 낸다. 그러나 르픽 부인은 이렇게 덧붙인다.
"이건 너 같은 아이에게는 잘 듣는 약이다. 아무튼 감기도 고치고, 너

의 나쁜 머리도 산뜻하게 해 주니까."

오늘은 아침부터 르픽 씨가 너무 놀려 대는 바람에, 이윽고 홍당무의 입에서 이런 심한 말이 튀어나왔다.

"시끄러워요, 바보 같으니라고!"

이렇게 말한 순간, 둘레의 공기가 험악해져 양쪽 눈에 불덩어리가 타오르는 것 같다. 위험하다 싶으면 땅 속에라도 파고들 준비를 한다.

그러나 르픽 씨는 얼굴을 언제까지나 빤히 쳐다볼 뿐 아무런 기색도 보이지 않는다.

누나 에르네스틴은 곧 결혼한다. 그래서 르픽 부인은 약혼자와 산책을 해도 좋다고 허락을 내렸다. 다만 홍당무의 감시 아래라는 조건이 붙었다.

"먼저 가거라, 힘차게 뛰어서 말이야!"

에르네스틴이 말한다.

홍당무는 앞장서서 걸어간다. 뛰다가 달리다가 개처럼 빨리 달음박질 쳐 보기도 한다. 그러나 자칫 발걸음을 늦추게 되면, 들을 생각이 없는데도 이야기 소리가 들려온다. 남의 눈을 피하는 키스 소리. 그는 헛기침을 한다.

신경이 날카로워진다. 마을의 십자가상 앞에서 모자를 벗었다가, 바로 모자를 땅바닥에 내동댕이치고는 발로 지근지근 밟아 대면서 이렇게 소리친다.

"아무도 나 같은 건 사랑해 주지 않을 거야, 나 같은 건 말이야!"

그 순간 귀가 밝은 르픽 부인이 담 뒤에서 불쑥 얼굴을 내민다. 입가에 무서운 웃음을 띤 오싹해지는 얼굴로.

홍당무는 순간적으로 이렇게 한 마디 덧붙인다.

"엄마만 빼고!"

작품 알아보기
(장편문학)

1894년에 발표된 〈홍당무〉는 르나르가 자신의 소년 시절을 소재로 쓴 일종의 성장 소설로, 한 평범한 가정의 일상을 통해 '어린이 학대'라는 주제를 짤막한 단편들 속에 자연스럽게 그려 낸 작품이다.

르픽 집안의 막내아들인 홍당무는 얼굴이 온통 주근깨투성이에다 머리카락까지 붉은 탓에 '홍당무'라는 별명으로 불린다. 친형과 친누나는 이유도 없이 그를 따돌리고 엄마조차 어린 그에게 온갖 구박을 퍼부어 그는 마음의 상처를 받는다.

하지만 아버지는 상황이 이런데도 전혀 눈치채지 못해 홍당무의 마음은 더욱 우울하다. 그래서 결국 홍당무에게는 가족의 사랑을 받지 못한다는 피해의식까지 생기게 된다.

그러다가 결국 홍당무는 자신의 상황을 극복하며 가족과 세상에 대한 이해의 폭을 넓혀 나간다는 이야기로 끝이 난다.

작가는 홍당무의 고민과 갈등을 간결한 문체로 재미있게 처리함으로써 주인공 소년이 자신을 '홍당무'라고 부르는 주변 사람들과 세상에 대한 적개심을 밝은 웃음으로 처리하였다. 그것은 르나르의 날카로운 관찰력과 섬세한 감각으로 말미암아 인상을 간결하게 표현한 데서 비롯된 것이다.

논술 길잡이
(장편문학)

❶ 아래 글은 아버지 르픽 씨가 형 펠릭스와 홍당무를 데리고 사냥을 나가며 나눈 대화이다. 이 대화에서 펠릭스는 왜 총을 홍당무에게 양보했는지 그 이유를 찾아 써 보자.

> "누가 먼저 가지겠니? 당연히 형이 먼저 써야겠지?"
>
> 펠릭스 : 홍당무에게 먼저 주세요. 제가 양보하겠어요.
>
> 르픽 씨 : 펠릭스, 오늘은 아주 기특하구나. 잊지 않으마.

....

....

....

....

....

논술 길잡이
(장편문학)

❷ 한밤중에 닭장 문을 닫으러 가거나, 아버지가 잡아온 자고 새를 죽이는 일, 밤이 되면 집 주위를 둘러보며 문단속을 하는 등의 일을 왜 집안에서 제일 어린 홍당무가 해야 했는지에 대해 써 보자.

....

....

....

❸ 홍당무는 라틴 어 선생님의 생일 축하 연설을 하려고 했는데, 오히려 장난치는 것으로 오해받아 혼만 나고 말았다. 만약 홍당무가 그 연설을 잘 끝냈다면, 홍당무의 학교 생활은 어땠을까를 상상해 글로 써 보자.

....

....

....

....

논술 길잡이
(장편문학)

❹ 아래 그림은 홍당무가 아빠에게 서운해하는 이유가 들어 있는 장면이다. 장면을 잘 살펴보고 아빠는 왜 홍당무를 피했는지, 홍당무는 왜 서운해했는지를 본문에서 찾아 써 보자.

....

....

....

....

....

논술 길잡이
(장편문학)

❺ 다음은 학교로부터 쫓겨나는 비올론 선생님을 향해 홍당무가 한 말이다. 이 문장에서 홍당무의 비올론 선생님에 대한 진짜 마음이 무엇인지를 생각해 보고 쓰라.

홍당무는 소리를 질렀다. 주먹으로 다시 유리창을 한 장 더 깨면서,
"어째서 그 녀석한테는 뽀뽀를 하면서 나한테는 안 했지?"
그리고는 유리에 벤 손에서 흐르는 피를 얼굴에 문지르며 덧붙였다.
"나도 이렇게 하면 붉은 뺨이 될 수 있단 말이야!"

논술 길잡이
(장편문학)

❻ 어머니의 행동을 매번 부당하다고 느낀 홍당무는, 어느 날 어머니의 심부름을 단호히 거부한다. 홍당무에 대한 어머니의 처신을 비판하는 검사와 어머니를 변호하는 변호사 입장에서의 글을 각각 적어 보자.

검 사(비판)	변 호 사(변호)

논·술·세·계·대·표·문·학 〈전60권〉

펴낸이	정재상
펴낸곳	훈민출판사
주 소	경기도 고양시 덕양구 원당동 416번지
대표전화	(031)962-3888
팩 스	(031)962-9998
출판등록	제395-2003-000042호